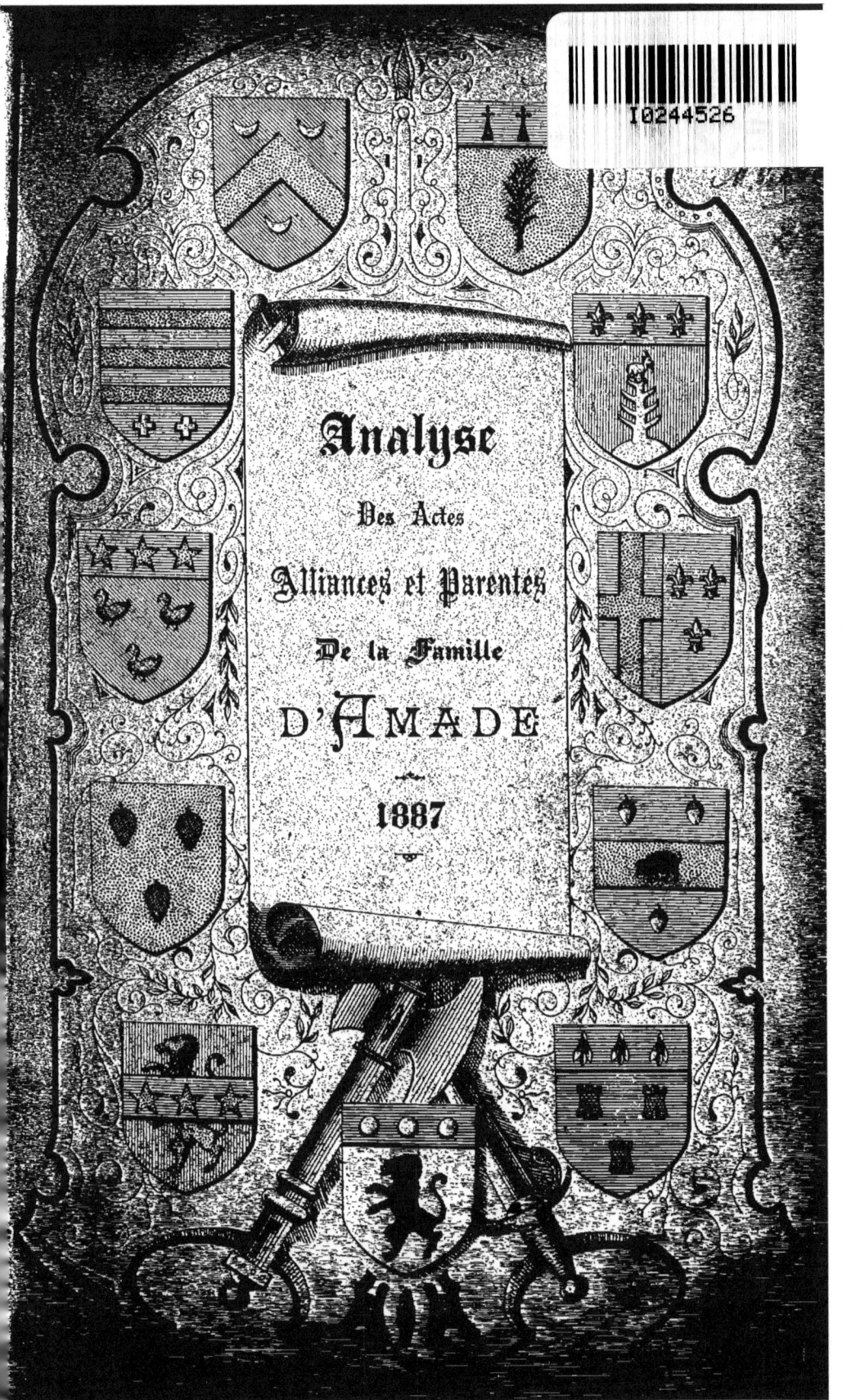

Analyse
Des Actes
Alliances et Parentés
De la Famille
D'Amade
1887

Montauban, Imp. et Lith. Forestié.

INTRODUCTION

Mes chers enfants,

Après avoir passé une grande partie de ma vie à écrire pour les autres, je veux, avant de vous quitter, mettre un peu d'ordre dans les vieux papiers de famille que j'ai pu très difficilement réunir, car ils sont un peu partout aux Barayroux, et relégués surtout dans les tiroirs de votre oncle Stéphane, mon cher frère, qui par trop de modestie, peut-être, a affecté toute sa vie de ne pas en faire grand cas.

J'ai bien, moi-même, quelque reproche à me faire à cet égard ; du plus loin qu'il m'en souvienne, je me suis souvent servi, étant enfant, des plus beaux parchemins que contenait un vieux coffre en cuir, cloué sur toutes ses faces, et qui se trouve encore, peut-être, exposé aux gouttières du vieux manoir ; vous ne devineriez jamais à quoi je les employais ? J'étais, à cet âge, déjà amateur de tout ce qui se rattachait à la carrière des armes ; une petite caisse, ayant appartenu à mon oncle de Montbrun, frère de ma mère, faisait assez souvent, trop souvent pour les autres, l'un de mes plus agréables passe-temps. Le vieux Pierre, jardinier des Barayroux, et qui venait d'être libéré du service, m'avait inspiré un goût très sincère pour ce mélodieux instrument, et, par les récits qu'il me faisait des batailles auxquelles avait assisté notre vieux serviteur, notamment de la bataille de Toulouse, j'avais compris les vives émotions que procurait le tambour dans les moments les plus accidentés de la vie militaire. Bref, il fallait entretenir cet instrument, et les parchemins détrempés me fournissaient un excellent moyen pour en renouveler les peaux. Que de preuves authentiques de notre parenté avec les plus vieilles et les plus honorables familles du pays ont disparu sous mes coups de baguettes !

Si, aux causes ci-dessus, mes chers enfants, vous ajoutez toutes celles qu'a traversées notre famille depuis la révolution de 1789, vous ne serez pas étonnés qu'il m'ait été difficile de combler les lacunes et de remonter bien haut dans le passé en ce qui concerne particulièrement notre lignée paternelle.

Je ne crois pas vous avoir laissé ignorer que mon père, qui avait tant de motifs pour ne pas aimer les républicains et leurs théories subversives, avait encore moins de tendresse pour leurs procédés expéditifs, et qu'il avait eu souvent l'occasion de les combattre les armes à la main ; que de dangers n'a-t-il pas bravés dans les temps néfastes de la première Révolution.

Il est un livre dont je vous recommande la lecture, dans lequel vous trouverez les témoignages les plus exacts de ce que j'avance. Ce livre m'a été envoyé par mon viel et respectable ami, le sénateur de Montauban, Isidore Delbreil, père de M. Henri Delbreil qui lui a succédé au Sénat; vous le trouverez parmi les livres qui formaient ma bibliothèque. Il avait pour objet de rappeler à la famille Delbreil la vie si active et si honorable du chef de cette famille; et, comme mon père s'était trouvé souvent sur la brèche avec lui, en qualité de réactionnaire, Isidore Delbreil eut l'aimable attention de me faire parvenir un exemplaire de ce recueil, en me signalant les passages qui concernaient mon père.

Quoique très éparses, les preuves de notre vieille origine et de nos vieilles alliances sont assez nombreuses; elles me paraissent mériter que je consacre le temps dont je peux disposer à mettre un peu d'ordre dans leur collection et à leur donner, autant que possible, la suite voulue.

Avant d'y procéder, cependant, je vais vous exposer les impressions que j'ai retirées de mes premières recherches. Sans appartenir à l'histoire, notre nom remonte cependant assez haut dans les siècles précédents; les traces innombrables du rôle qu'ont joué nos devanciers, particulièrement dans l'armée, sont des preuves qui confirment notre noblesse et qui pourraient aisément constituer des droits à des titres qu'ils n'ont pas jugé à propos de se faire attribuer.

IV.

Je dois aussi vous tenir en garde contre les confusions que pourrait occasionner, dans votre esprit, la diversité de manières sous laquelle les actes les plus authentiques présentent le nom de notre famille. Autrefois la particule n'était pas obligatoire pour caractériser ceux qui étaient reconnus appartenir à la noblesse; notre nom patronomique est très sûrement *Amade*, cependant beaucoup d'actes officiels désignent plusieurs membres de la famille sous le nom de *Damade* sans apostrophe; d'autres, quand ce nom s'applique à une femme, ne séparent pas seulement le nom par l'apostrophe mais l'inscrivent en deux mots, la conjonction *de* et le nom patronimique *Amade*. Enfin, le plus souvent dans les actes *Damade* est écrit en un seul mot.

L'état civil des familles n'était pas autrefois tenu régulièrement, et dans les ministères eux-mêmes il se commettait des inscriptions différentes sur le nom des mêmes individus: nous en avons la preuve évidente dans les nominations ou commissions adressées à plusieurs membres de notre famille. Les unes sont sous le nom de *d'Amade*, d'autres sous le nom de *Amade* et enfin plusieurs sous la désignation de *Damade*.

A l'appui de cette affirmation je mentionnerai un acte notarié du 22 août 1584, dans lequel à Bordeaux, *Jehan Damade*, archer de la compagnie du vice-sénéchal de Lannes, en présence d'Olivier de Combes, écuyer, seigneur des Espoux, et de Jehan des Vignes, donne procuration aux sus nommés pour fournir quittance de ses gages d'archer dans ladite compagnie pour les quartiers d'avril, de juillet et d'octobre 1583.

Et un acte du 28 octobre 1697, signé à Grenade devant notaire, par lequel noble Jean de La Guiche, seigneur de Saint-Pé, écuyer, cède, délaisse à perpétuité à François *Damade*, qui l'accepte, une terre dont l'acte porte toutes les indications et conditions de paiement.

Le procès qu'un des membres de notre famille intenta à ses agresseurs et meurtriers, à Castillon, dans les environs de Libourne, vers le milieu du siècle passé, procès qui eut beaucoup de retentissement à cause de la haute position des parties en présence, a consacré la désignation de notre famille sous le nom de *Damade*; l'aïeul Jean, père de *Damade-Belair*, dont il est question dans la désignation des parents du plaignant, était sans doute le cousin d'un de nos aïeux Guillaume *Damade*, auquel il servit de témoins, sous cette qualification, à son mariage à Castelsarrasin le 10 septembre 1686.

Ledit procès, qui figure dans nos actes de famille, suffirait à lui seul à établir nos droits personnels si nous étions dans l'embarras pour les faire constater, car peu de recherches nous conduiraient à la parenté directe avec la famille dont les preuves fufurent faites alors devant les cours, auxquelles le jeune *Damade-Belair* dut confier le soin de se faire rendre justice contre des attaques inqualifiables; témoignage précurseur de la lutte sociale en fermentation à cette époque de notre histoire.

Ledit procès relate, en effet, que la situation de

la famille *Damade*, au point de vue de la noblesse était toute faite ; car, à la date où en furent produites les preuves, c'est-à-dire vers la fin de l'année 1765, plusieurs membres de cette famille étaient au service de Sa Majesté comme officiers, volontaires ou gardes du Roi. D'autres étaient chevaliers de Saint-Louis et pensionnés du Roi en qualité d'aide major, lieutenant colonel et brigadier des armées du Roi. Le même témoignage déclare que le plaignant appartient à une famille honorable, vivant noblement, et dont le père et l'aïeul ont vécu noblement.

La querelle que les frères de Queyssat avaient organisée contre le jeune *Damade de Castillon* était d'autant moins fondée, que ce dernier et les frères de Queyssat avaient des alliances et des parentés réciproques : il est donc probable que des raisons autres que la question de noblesse ont été le mobile des attaques passionnées et homicides dont ce jeune homme fut l'objet de leur part.

Mais pour affirmer de nouveau la diversité qui existait alors dans la manière de transcrire, même officiellement, les noms de famille, diversité qui pouvait faire croire à l'existence de plusieurs familles, quand il ne s'agissait que de la même, je crois devoir vous signaler les actes de la procédure relatifs à cette affaire, dans lesquels plusieurs fois l'on trouve le nom du plaignant écrit *Damade-Beller*, alors que d'autre part il est écrit *Damade-Belair*. Dans une gravure très correcte, éditée par ordre de ses amis en 1775, le nom de *Damade* est écrit

Damade-Beller. Je serais assez disposé à croire, sans que rien me le prouve cependant, que c'est bien *Damade-Beller*, qu'il faut écrire quand il y a lieu de désigner le négociant attaqué et blessé par les frères de Queyssat et faisant appel du jugement prononcé contre lui par la cour de Toulouse; peut-être même ce nom constituait-il le nom et la raison sociale sous lesquels il exerçait son négoce. Quoi qu'il en soit les liens de cette famille avec la nôtre ont dû exister. Elles doivent avoir l'une et l'autre la même origine, car notre trisaïeul, quoique fixé à Castelsarrasin, appartenait à la branche de la Guienne qui s'était répandue dans le Gers et le Bordelais. Parmi les actes ou parchemins de 1500 à 1600, afférents à la famille d'Amade, j'ai trouvé des quittances et des contrats d'achats ou de ventes de terrain qui viennent à l'appui de mon affirmation; mais ce ne sont là que des suppositions. Je désire et j'entends ne vous laisser que des documents certains et auxquels vous puissiez plus tard rattacher ceux que le temps ou les circonstances vous permettront de classer en continuant la marche que j'ai cru devoir adopter.

Je résumerai d'abord les actes relatifs à la famille d'Amade et qui me sont passés sous les yeux assez longtemps pour me permettre de les analyser sommairement.

Un des plus anciens témoignages de parenté collatérale, retrouvé dans les archives de nos aïeux, qui par cette voie nous permet de remonter sûrement aux temps les plus éloignés, est l'histoire généalogique de la famille de Faudoas, dans laquelle prend rang une de nos aïeules paternelles, Jeanne de Faudoas, fille de Pierre-Jean de Faudoas et de Lucrèce de Roquemaurel.

Cette origine certaine m'a paru digne d'études, et j'ai jugé opportun de rattacher particulièrement notre origine à celle de cette maison, dont le sang et les services rendus au pays sont également illustres. Nous devons ne pas perdre de vue ce point de départ de notre famille, ce souvenir doit être souvent notre guide et celui de nos successeurs. Par cette famille, d'ailleurs, nous nous relions, comme elle, à la plupart des grandes familles du Midi. Nul doute que la noblesse de la famille d'Amade n'ait pu et dû prendre sa source à la noblesse de la famille de Faudoas; il eût été facile à nos aïeux de faire, en temps voulu, leurs preuves, s'il ne les ont pas faites; mais il est permis de croire qu'elles ont été produites et que notre famille a été considérée comme appartenant à la noblesse bien avant la révolution de 1789. Un de nos aïeux, d'Amade, seigneur de Joye, reçut, en effet, au moment de la convocation des États généraux, une lettre datée du 26 septembre 1789, le convoquant à l'assemblée de l'ordre de la noblesse pour le 15 octobre 1789 dans l'une des salles de l'Hôtel-de-Ville de Toulouse. Les armoiries dont se servait la famille d'Amade, bien avant cette époque, armoiries que nous trouvons gravées sur l'argenterie, écuelles, chandeliers, sucriers, etc., remontant à des dates fort anciennes, sont un témoignage certain de ce que j'avance. Les testaments de nos grands pères ont été eux-mêmes scellés des mêmes armoiries ; quand ces chers aïeux nous ont légué ces titres, ils étaient, sans doute, loin de penser qu'un de leurs descendants croirait devoir confirmer l'authenticité de leurs droits nobiliaires.

Jean-Joseph d'Amade, après la tourmente révolutionnaire, s'est trouvé, peut-être, dans l'alternative de faire renouveler ces droits, car le titre personnel d'écuyer du Roi, qui lui fut conféré par le roi Louis XVIII, semble vouloir donner satisfaction complète à sa situation et à celle de sa famille dans la noblesse française. Cette situation était cependant d'autant moins contestable, qu'il était le seul héritier mâle de la famille de Moynier, en possession de la terre seigneuriale des Barayroux, baronnie pour laquelle il a fallu que M. de Moynier, officier de cavalerie, sollicitât et obtint une ordonnance royale qui l'autorisât à aliéner une portion de ses terres au moment d'entrer en campagne. Le titre de baron était certainement la conséquence de la possession de cette baronnie.

Les renseignements et explications qui précèdent étaient nécessaires pour confirmer et étendre, dans votre esprit, la certitude que notre nom a été depuis plusieurs siècles honorablement porté, et que s'il n'est pas devenu historique ou illustre, vous ne devez pas moins faire vos efforts pour vous rendre dignes de ceux qui l'ont porté avant vous, et continuer à respecter leur mémoire.

Les recherches que j'ai faites sur les familles de nos aïeules vous prouveront aussi que nos alliances ne laissent rien à désirer, et que par elles notre famille compte, dans ceux de ses parents, des noms que l'histoire de France a enregistrés, et qui ont été portés tantôt, par des officiers généraux ou supérieurs, tantôt par de hauts fonctionnaires ou des hommes ayant joué un rôle important dans l'administration ou dans les finances.

Pour exposer les titres officiels que je dois classer j'adopterai la marche naturelle suivante.

Je mettrai en tête, par ordre, de date l'analyse de tous ceux qui sont relatifs à la famille de nos aïeux paternels, ceux que je vous laisse me concernant et ceux que vous avez déjà conquis vous-même.

Puis, reprenant par ordre d'ancienneté les documents certains des familles de nos aïeules, je reproduirai successivement, par date, l'analyse des contrats ou faits officiels concernant leurs familles et celles d'où sont issus leurs propres auteurs.

Je crois utile de laisser après l'analyse de chaque acte un espace en papier blanc suffisant pour y intercaller les notes que vous serez à même de recueillir, afin d'étendre ou de rectifier les renseignements déjà insérés.

Toulouse, le 30 septembre 1886.

FAMILLE D'AMADE

FAMILLE

AMADE, DAMADE OU D'AMADE

Branche Établie en 1660 à Castelsarrasin.

Les actes déposés à la mairie de Castelsarrasin, où habitait la famille d'Amade en 1650, ne remontent guère plus haut que 1620 : ce sont les actes rédigés par la paroisse, afférents aux naissances, baptêmes, mariages ou morts. Il est prouvé aussi qu'en 1600 existait sur le territoire de Finhan et de Castelsarrasin une famille portée dans les actes publics sous le nom de noble Amade du Barry. Nous en avons vainement cherché l'origine ; mais nous avons appris cependant que cette famille avait des liens très-certains avec Pierre Amade. Ce dernier, bourgeois et consul de Castelsarrasin, est l'aïeul que nous sommes obligés de considérer comme le plus ancien, puisque nous pouvons remonter à lui en vertu de son acte de mariage. Régulièrement notre filiation est donc établie jusqu'à lui sans interruption.

De 1579 à 1710.

Copies de lettres patentes et de contrats d'inféodation passés en conséquence, concernant deux cents arpents de terre noble aux Bernauses, moyennant 8,000 livres de droit d'entrée et l'albergue annuelle d'un sol huit deniers par arpent.

Lettre patente du 7 octobre 1579.
Lettre patente du 6 juillet 1583.
Lettre patente du 8 mars 1584.
Arrêt du registre du parlement du 11 mai 1584.
Lettre patente du 3 août 1584.
Quittance en droit d'entrée du 25 mai 1585.
Contrat d'inféodation du 3 juin 1585.
Enregistrement du 19 juillet 1710.

Sur les actes déposés à la mairie de Castelsarrasin nous lisons : Le 22 septembre 1624, a été baptisée, *Catherine Damade* (1), fille de Jean Amade et de Catherine de Chalon; parrain, Anthoine Dupuy de Saint-Martin; marraine, Peyronne de Latour.

15 mai 1655.

Pierre Amade, bourgeois et consul de Castelsarrasin, marié à Demoiselle Soubirane de Poumarède, fille de

---

(1) Nous devons remarquer que dans le même acte le père est désigné sous le nom de Amade et la fille sous le nom de Damade.

Jacques Soubirane de Poumarède et de Demoiselle Marine de Joly, reconnaît à sa femme, par acte et sur ses biens propres, des fonds dotaux dont il a fait emploi.

Le 10 septembre 1660, a été baptisé Jean Amade, fils de Pierre Amade, bourgeois, et de Demoiselle Marie Lagarde, né le 20 mai 1660. Parrain, Jean Amade, prêtre, recteur de Saint-Sauveur (curé de la paroisse), docteur en sainte théologie ; marraine, Jeanne Lagarde.

Il résulte de cet acte que le nom de Pierre était porté par deux membres de la famille Amade, et qu'ils n'étaient pas à confondre.

27 mai 1670.

Clauses du contrat de mariage entre Bernard Amade, bourgeois et consul de Castelsarrasin, fils de Pierre Amade et de Demoiselle Marguerite de Poumarède, avec Demoiselle Antoinette de Pechmeja, fille de Messire Guillaume Pechmeja, bachelier en droit en la judicature de Villelongue, avocat de la ville de Montech, et de Demoiselle Guillaumette de Linas, habitants de Montech. — Dame Faure, aïeule de Demoiselle de Pechmeia, constitue une partie de la dot. Les futurs sont assistés : de François Dubois Sieur de Verdier ; André de Saint-Sardos, bourgeois de Castelsarrasin ; Messire Bernard Laparre, avocat aux ordinaires d'Escataleins ; Louise de Bouloc ; Messire Jean Amade, prêtre, docteur en théologie, recteur de l'église de Saint-Sauveur à Castelsarrasin ; Messire Jacques Péchulier, prêtre ; Messire Jacques Chalon, docteur et avocat au parlement. Ce contrat est passé devant M⁰ Péchulier, notaire royal.

26 octobre 1672.

Codicille de Dame Soubirane de Poumarède, veuve de Pierre Calmeilh, bourgeois, en faveur de Bernard Amade, son neveu, fils de Pierre Amade et de Marguerite de Poumarède.

Dans ce codicille se trouve le titre de propriété de la chapelle de *Quinque-Plagis*, et l'installation de Messire Jacques Péchulier, ancien curé de Saint-Nauphary, petit-fils de Jacques Poumarède et de Marine de Joly, nièce de Messire Alpinian de La Barde ; ce dernier était archidiacre de la cathédrale de Montauban, curé de l'Eglise de Saint-Sauveur à Castelsarrasin et fils de Demoiselle Guillaumette de Poumarède, veuve de Messire Guillaume Péchulier, notaire.

Messire Alpinian de La Barde fut en 1608 le fondateur de ladite chapelle ; il institua les droits, privilèges et revenus y attachés, en qualité d'archidiacre de la cathédrale de Montauban et comme curé de la paroisse de Saint-Sauveur à Castelsarrasin.

Aux termes de cette fondation, la chapelle des *Quinque-Plagis* devait être desservie par le plus proche descendant de la famille du fondateur pourvu des ordres sacrés de la prêtrise.

Dame Marguerite de Poumarède, mère de Bernard Amade, étant aussi fille de Jacques Poumarède et de Marine de Joly ; les droits sur ladite chapelle pouvaient être revendiqués par la famille Amade, car Bernard Amade était, comme Jacques Péchulier, petit neveu de Messire Alpinian de La Barde.

16 août 1677.

Baptême de Guillaume Amade, né le 11 août 1677 ; fils du Sieur Bernard Amade, bourgeois et consul de Castelsarrasin, et de Demoiselle Antoinette de Pechmeja. Parrain, Guillaume Pechmeja, docteur et avocat ; marraine, Alpinianne de Delboy. — Certificat délivré par François Amade, curé de la paroisse de Saint-Sauveur à Castelsarrasin.

10 septembre 1686.

Clauses du mariage de Bernard Amade, bourgeois et consul de Castelsarrasin, fils de Pierre Amade et de Demoiselle Marguerite de Poumarède, avec Anne de Bellon, fille de Jean de Bellon et de Demoiselle Suzanne de Foucaut. — Témoins du mariage : Jean Amade, bachelier en sainte théologie, curé de l'église de Saint-Sauveur à Castelsarrasin, oncle du futur ; autre Jean Amade, cousin dudit.

24 juillet 1718.

Reçu constatant l'admission dans le couvent des sœurs Carmélites de Lectoure, de Demoiselle Marie-Anne d'Amade, sœur de l'abbé Guillaume d'Amade, docteur en théologie. Ce reçu est afférent au prix de la pension, du postulat, du noviciat, etc. Demoiselle Marie-Anne d'Amade prononça ses vœux sous le nom de Marie-Anne, sœur de Saint-Joseph.

6 mai 1722.

Clauses du contrat de mariage de Pierre Delpech, fils de Armand Delpech de La Mirande, bourgeois de Castelsarrasin, et de Demoiselle Dominique de Lenègre, avec Demoiselle Marguerite d'Amade, fille de Bernard Amade et de Demoiselle de Bellon; assistés de Messire Guillaume Amade, prêtre, frère aîné de la future; de Messire Joseph Amade, frère aussi de ladite Marguerite d'Amade, et du sieur Pierre-Guillaume Amade, bourgeois.

6 août 1726.

Installation de Messire Joseph Amade, prêtre, fils de Bernard Amade et de Demoiselle de Pechmeja, dans la possession des droits et honneurs de la place de consort de Saint-Maur, et de Saint-Alpinian de l'église de Saint-Sauveur de Castelsarrasin. Acte dressé par Messire Latour, notaire de ladite ville.

20 octobre 1728.

Clauses du contrat de mariage de sieur Pierre Guillaume Amade, bourgeois et habitant de Castelsarrasin, fils de feu Sieur Bernard Amade, bourgeois et consul de Castelsarrasin, et de Demoiselle Anne de Bellon, avec Demoiselle de Linas, fille de feu Pierre de Linas, seigneur de Joye, et de Demoiselle Jeanne de Faudoas de Séguinville, habitant l'une et l'autre ledit lieu de Joye.

26 juillet 1731.

Baptême de Bernard-Joseph Amade, né le 25 juillet 1731, fils de Messire Pierre-Guillaume Amade et de Demoiselle Jeanne de Linas. Parrain, Joseph Amade, prêtre, cadet; marraine, Marie d'Amade, épouse de Messire Castaing de Bouillac

15 janvier 1747.

Acte passé devant Messire Latour, notaire à Castelsarrasin, constatant la nomination de Messire Joseph Amade, prêtre, habitant à Castelsarrasin, premier prêtre sacré des descendants de Dame Marine de Joly, femme de Jacques Poumarède, à la chapellenie de *Quinque-Plagis*, fondée dans l'église paroissiale de Saint-Sauveur à Castelsarrasin, par Messire Alpinian de La Barde, prêtre, archidiacre à l'église cathédrale de Montauban, par son testament du 1er août 1608; chapellenie laissée vacante par le décès de Messire Guillaume Amade, prêtre et dernier chapelain. Ont signé au contrat les plus proches parents : Demoiselle Anne Péchulier, veuve de Messire Pierre Grab, notaire royal; Demoiselle Marie Péchulier, femme de Messire

Raby, avocat au parlement; Jean Duvilla, bourgeois, fils et héritier de Demoiselle Marianne Péchulier ; Jacques Virolle, bourgeois, fils et héritier de Suzanne Péchulier, et Jean Amade, bourgeois, petit-fils et héritier de feu Sieur Bernard Amade, habitants de Castelsarrasin, tous successeurs et héritiers de Marine de Joly, patronne de ladite chapellenie.

27 juin 1747.

Nomination à la charge de lieutenant datée de Bruxelles, signée par le Roi, en faveur de Bernard Joseph d'Amade, dans la compagnie de Vernhes, du régiment du Marquis de Trainel.

14 avril 1754.

Nomination à une charge de lieutenant datée de Versailles, signée par le Roi, en faveur de d'Amade, François, enseigne. Dans la compagnie de la Corrèze, au régiment du Marquis de Trainel.

25 avril 1760.

Testament de Joseph Amade, prêtre, fils de Bernard Amade et de Demoiselle de Bellon, consorsiste de l'église de Saint-Sauveur à Castelsarrasin, chapelain de la chapellenie de *Quinque-Plagis* ou de La Barde, en faveur : 1° de sa nièce Jeanne d'Amade, fille de Jean Amade et de Demoiselle de la Borderie; 2° de

Joseph d'Amade, ancien officier d'infanterie, fils de Pierre-Guillaume Amade, frère germain du testateur; 3° de Jean Chalon, mari de feu Marthe d'Amade; 4° de Jean et Louis Boscredon, frères et fils de Guillaumette d'Amade, sœur consanguine du testateur; 5° de Marguerite d'Amade, épouse du Sieur Pierre Delpech de La Mirande, sœur consanguine du testateur. Ledit Sieur Joseph d'Amade, ancien officier, son neveu et son filleul, est l'héritier universel et général de son oncle et parrain.

10 avril 1761.

Clauses du contrat de mariage du sieur Joseph d'Amade, ancien officier d'infanterie, âgé de 25 ans, fils de Guillaume Amade et de Dame Jeanne de Linas, assistés de Messire Raymond Amade, prêtre docteur en théologie, curé de Corbarieu, son oncle; de Jean Boscredon, avocat; de François-Pierre-Théodore Faure, avocat au parlement de Toulouse, son cousin; avec Demoiselle Claire de Moynier, fille de Messire Jean-Izaac de Moynier, ancien officier de cavalerie, et de Dame Jeanne d'Arassus; assistée de Messire Jean-Izaac Moynier, ancien officier d'infanterie, son frère, parents et amis bas nommés. Demoiselle Claire Monique Delort, sœur utérine de la future épouse, appartenant à la communauté des écoles chrétiennes de Cahors, fait dans ce contrat une donation à sa sœur. Ont signé : Jacques Elie d'Arassus, avocat au parlement; Messire François Marqueyret, avocat cousin de la future; Jean-

Jacques Bardon, ancien officier; Jean Gay; David Gineste.

22 mai 1764, 20 juin 1766.

Testament de Dame Anne de Géraud, veuve de noble Bernard de Linas, écuyer, habitant de Toulouse, en faveur du neveu de son mari, Joseph d'Amade, fils de Pierre-Guillaume Amade et de Jeanne de Linas

1er août 1767.

Signification par le sieur Boyer, huissier au bureau des finances de Toulouse, à Demoiselle Anne de Géraud, épouse de Linas, à ses héritiers, successeurs ou ayant cause, possesseurs et tenanciers des biens Nobles, au lieu de Montech, diocèse de Montauban, en la personne de M. Joseph Amade, trouvé dans son château de Joie, juridiction de Montech, que, faute d'avoir rendu hommage et serment de fidélité qu'il doit à sa Majesté et d'avoir fait enregistrer au registre dudit bureau, ou d'en avoir fourni le dénombrement, il sera procédé à la réunion desdits biens nobles, après saisie féodale, au domaine de Sa Majesté. — Signé : Boyer.

4 août 1767.

Le procureur du Roi du bureau des finances, vu l'hommage rendu aujourd'hui par Messire Amade, pour raison des biens nobles, situés au lieu de Montech, a accordé main levée de la saisie féodale ci-dessus annoncée, déchargé tous sequestres et détenteurs de la remise des fruits saisis. — Signé : Cros, Lamouzié, Ad. du Roi.

1er août 1767.

Même signification pour les biens nobles, provenant de la succession de Jeanne d'Arassus au dit lieu de Montech, en la personne de M. Amade, ayant cause de la dite veuve Delort. Signification faite à son château à Joie, juridiction de Montech.

4 août 1767.

Le Procureur du Roi du bureau des Finances, vu l'hommage rendu ce jourd'hui par Messire Amade, pour raison de biens nobles situés au lieu de Montech, accorde la main levée de la saisie féodale ci-dessus annoncée, et décharge tout sequestre et détenteurs des fruits saisis. Fait au Parquet, le dit jour. — Signé : Cros, Lamouzié, Ad. du Roi.

Toulouse, le 4 août 1767.

Les présidents trésoriers généraux, chevaliers, grands voyers de France au bureau des finances et domaines de la généralité de Toulouse constatent que ce jour, date des présentes, dans leur bureau, procédant à la réception des foi, hommages et serments de fidélité que les tenanciers de terres nobles, places et seigneuries, fiefs ou prenant droit et revenus, etc., doivent à Sa Majesté à cause de son joyeux avènement à la couronne ou par mutation arrivée de leur chef; s'est présenté, assisté de Messire Barthélemy-Melchior Richard, procureur au bureau, sa partie, Messire Joseph Amade, ancien officier d'infanterie, habitant de Toulouse, tant de son chef que comme maître des cas dotaux de Dame Claire de Monier, son épouse, lequel a dit être venu pour rendre à Sa Majesté foi, hommage, et prêter serment de fidélité qu'il lui doit pour raison de ce qu'il possède noblement en plein fief, dans la juridiction de Montech, sa partie. Le dit sieur Richard, requis de recevoir les dits foi, hommage et serment, et d'accorder à sa dite partie, la main levée des saisies féodales, ouï sur ce le sieur Cros de Lamouzié, avocat du Roi ; tout incontinent ledit sieur Amade s'étant mis à genou, tête nue, etc., a promis et juré d'être le fidèle sujet et vassal de Sa Majesté, et de ne se jamais distraire de son obéissance et seigneurie.... Et ont ordonné l'expédition des présentes. Signé : Richard, pour le greffier en chef.

Toulouse, le 20 septembre 1769.

Les présidents trésoriers généraux, chevaliers et grands voyers, de France au bureau des finances et domaines de la généralité de Toulouse ; sur la requête à eux présentée par Messire Joseph Amade, officier d'infanterie, habitant de Toulouse, tendant à ce qu'il leur plût de lui donner acte de la remise de son aveu et dénombrement fourni au Roi devant le bureau le 19 septembre dernier pour raison des biens nobles qu'il jouit et possède dans la juridiction de Montech ; ouï le rapporteur Sʳ Blavy, ont donné acte au sieur dénombrant de la remise de son aveu, et ordonné qu'à sa diligence il sera procédé aux formalités d'usage ; mandant au premier huissier ou sergent royal de faire tous exploits nécessaires. Collationné. — Signé : Richard, pour le greffier en chef.

1ᵉʳ et 15 octobre 1769.

1ʳᵉ et 2ᵉ Publications de l'aveu et dénombrement formulé par Messire Joseph Amade, remis et baillé aux seigneurs présidents trésoriers généraux, chevaliers et grands voyers de la généralité de Toulouse, à raison des biens nobles qu'il détient et dont il jouit dans la juridiction de Montech, ou provenant de la succession de Messire Pierre de Linas, son grand père maternel, pour substitution suivant son testament du 7 août 1703, ou dépendant des biens dotaux de Dame Claire de Moynier, son épouse, tous deux relevant en foi et hommage du Roi, à cause de son comté de Toulouse, consistant en (suit le détail des domaines des Bernauses). Le dit aveu est appuyé de la déclaration d'hommage rendu au Roi, le 4 août 1767, et du procès-verbal dressé par les présidents trésoriers, ordonnant la lecture et la publication après affichage du dit dénombrement devant la porte de l'église paroissiale de Montech, à l'issue de la messe, pendant trois dimanches consécutifs, par un huissier ou sergent royal, et aux auditoires du sénéchal de Toulouse, et du bureau pendant trois jours d'audience, procès-verbal en date du 20 septembre 1769. — Signé : Castel, premier président; Blavy, rapporteur. Collationné Richard.

Publications constatées par Pierre Brujol, premier huissier audiencier au siège royal de la ville de Montech, le 1er octobre 1769. — 3e Publication. Comme ci-dessus, le 15 octobre 1769. — Signé : Brujol.

Joye, le 10 décembre 1769.

M. Joseph Amade adresse à M. Lautar, procureur du Roi aux requettes, son parent, par l'intermédiaire du fils de son bordier de Vieille Toulouse, les papiers concernant le dénombrement qu'il lui a remis ; les trois publications ont été faites en règle. Il se flatte qu'il pourra être mis bon ordre à tout le plus tôt possible.

Par sa lettre, sans date, M. Lautar, procureur du Roi aux requêtes, prévient M. Richard, procureur des finances et domaines, que son parent M. Amade vient de lui envoyer un paquet au sujet d'un jugement par défaut obtenu contre lui par M. le procureur du Roi au bureau des finances de Toulouse, faute d'avoir fourni le dénombrement des biens nobles dont il rendit l'hommage il y a deux ans. Il envoie ce dossier en priant d'arrêter les frais qui pourraient être faits et de se pourvoir en rétractement, il passera chez lui pour fournir les éclaircissements nécessaires et l'argent qui fera besoin : en attendant, il le prie de ne rien négliger.— Signé : Lautar, procureur du Roi aux requêtes.

Mars 1771.

Décès constaté par témoins, le 6 novembre 1806, de Dame Claire de Moynier, épouse de Messire Joseph d'Amade, ancien officier d'infanterie, fille de Dame Jeanne d'Arassus et de Izaac de Moynier, ancien officier. Les témoins déclarent qu'elle fut inhumée dans la chapelle Notre-Dame de l'église de Finhan. Témoins : de Daux, de Linaret, de Rivière, Serrurier-Dubois, juge de paix ; Lamire, greffier.

Ce décès a été constaté dans cette forme, par suite de la déclaration de Monsieur le maire de Finhan, attestant que les registres de l'état civil ne portent pas mention de ce décès, et sur la demande du sieur Jean-Baptiste-Joseph Amade, fils de la défunte.

14 janvier 1778.

Vente consentie par contrat passé à Montech, devant maître Maison, notaire royal de la dite ville, d'une métairie, vignoble, bois et terre labourable de 24 arpens, située au lieu des Bernauses, juridiction de Montech, en faveur de Joseph Amade, ancien officier d'infanterie habitant de Toulouse, par Dame Jeanne Mazade, épouse de noble Jacques Pendariès, ancien officier d'infanterie, et par Demoiselle Marianne Mazade, héritière de M. Louis Mazade, conseiller du roi, juge de Montech (suit le détail des contenances et limites), sous la condition du 20° noble au Roi et redevances portées au bail d'inféodation des Bernauses. — Prix de vente, 13,600 livres détails relatifs au paiement. — Acte passé en présence des témoins y dénommés et du sieur Pierre Nicolas Sabatier, receveur des domaines du Roi. Signé : Maison.

Enregistré le 16 novembre 1778, sous la réserve des droits seigneuriaux. – Signé : Sabatier.

26 septembre 1789.

Lettre de convocation à l'assemblée de l'Ordre de la noblesse pour le 15 octobre 1789, dans l'une des salles de l'hôtel de ville de Toulouse, signé, de Latresne : Adressée à M° d'Amade, seigneur de Joye.

25 mars 1795.

LIBERTÉ.   PATRIE.   ÉGALITÉ.

10 DIVISION MILITAIRE   Armée des Pyrénées Orientales   8 Bataillon de Haute-Garonne dit 5° de la Montagne.

RÉPUBLIQUE FRANÇAISE

CONGÉ ABSOLU

Nous membres du Conseil d'administration du susdit bataillon, vu l'incorporation du dit corps dans le 3° bataillon de Haute-Garonne et la loi du 2 frimaire dernier, qui donne aux officiers, sous-officiers, des corps incorporés la faculté de rentrer dans leurs foyers, avons donné congé absolu au citoyen Jean-Joseph Amade, officier dans ledit bataillon, natif de Montech, district de Castelsarrasin, département de Haute-Garonne, âgé de 26 ans, taille de 5 pieds 8 pouces, cheveux et sourcils chatains, yeux *idem.*, nez droit, bouche moyenne, menton rond, front petit, visage rond.

Nous certifions en outre que ledit citoyen Amade n'a jamais quitté son drapeau et qu'il a toujours mérité par sa bonne conduite l'estime de ses chefs et la confiance de ses frères d'armes.

Délivré à Figuières le 5 germinal, IIIe année de la République Française une et indivisible. — Ont signé : Gasave, commandant ; Mottes, major ; Pouget, lieutenant ; Coubery, sous-lieutenant ; d'Azemat-Sabattières, fourrier ; Lupiac, sergent-major ; Lupiac, sergent ; Saint-Paul, secrétaire.

Vu par moi, commissaire des guerres, chargé de l'incorporation dudit bataillon, à Figuières, le 12 germinal IIIe année. — Signé Joanas.

Vu par moi, général de brigade, chargé de l'incorporation dudit bataillon à Narbonne le 15 germinal an III. — Signé : Bonnet.

L'an II de la République Française une et indivisible, le 21 germinal.

Le sieur Cassaigneau, huissier à Montech, à la requette des citoyens administrateurs de la régie nationale, notifie au citoyen Joseph Amade, qu'aux fins de l'exécution de la loi du 10 frimaire dernier, le directoire du district de Castelsarrasin ayant, par son arrêté du 25 ventôse, nommé pour son expert le citoyen Pierre Larramet, et le juge de paix à la diligence de la régie, ayant de son côté nommé pour son expert le citoyen Pierre

Perséguet ; ledit citoyen Amade est sommé d'avoir à nommer son expert pour procéder à l'estimation des biens ci-devant nobles et domaniaux dont il est détenteur dans ladite commune, faute par lui de remettre ses titres d'aliénation et de concession, etc., et de faire ladite désignation d'un expert, il sera procédé et passé outre par les autres experts.

L'an II de la République Française, le 11 prairial.

Bail à ferme des biens nationaux ou sequestrés situés dans le district de Castelsarrasin.

Particulier au bien national provenant du citoyen Amade, consistant en deux métairies de contenance de 70 cétérées 4 poignées, au terroir des Bernauses, de la commune de Montech ; adjugé au citoyen Augustin Richard, marchand, au prix de 1750 livres, après le 9e feu, le 10e feu allumé n'ayant donné aucun résultat. Le citoyen Pierre Taillefer, de la même commune s'est volontairement rendu caution et principal répondant du citoyen Richard pour l'exécution dudit bail. — Collationné par : Chamaison. — Signé : Bourjade.

L'an IV de la République Française une et indivisible, le 29 fructidor.

Devant le citoyen Guillaume Delport, juge de paix de la commune de Montech, chef-lieu de canton du département de la Haute-Garonne, ont comparu : d'une part, la citoyenne Marianne Mazade, à l'effet de réclamer du citoyen Joseph Amade, le paiement de la somme de 500 livres pour intérêts de la somme de 5,000 fr. restée impayée sur la vente d'un fonds, faite le 14 janvier 1778, par acte retenu par Maison, notaire.

D'autre part, le citoyen Joseph Amade ; ce dernier répond qu'il n'est plus possesseur dudit fonds, que depuis près de trois ans, la nation l'ayant déclaré bien domanial, elle s'en est emparée et qu'il était en droit lui-même d'actionner ledit vendeur pour lui faire valoir et jouir le bien vendu, ou lui restituer la somme déjà payée ; qu'il est tout disposé à assurer l'entier paiement de la somme stipulée au contrat, à la condition qu'il soit mis en possession des objets vendus, offre qu'il a toujours faite, qu'il réitère et dont il demande acte, comme de la réserve qu'il fait pour l'action en garantie ou en restitution du prix de la vente qu'il est en droit d'exercer aux termes de son contrat.

Les parties n'ayant pu être conciliées, sont renvoyées devant le juge compétent. Pour extrait conforme. — Signé : Rey, greffier. — Signé : Delport, juge de paix.

Finhan, le 10 brumaire, an IX.

M. Mazade, juge de paix, déclare n'avoir rien à demander à M. Amade fils, concernant les affaires qui ont eu lieu entr'eux en l'an V, VI et VII, le tenant quitte de tout quant à l'achat de la métairie des Bernauses, et procès y relatifs. — Signé : Mazade, juge de paix.

27 vendémiaire an XI de la République Française, ou 19 octobre 1802.

Testament du citoyen Joseph Amade, père, ancien officier d'infanterie, en faveur de son fils Jean-Baptiste-Joseph Amade, et de ses deux filles Anne-Michelle Amade, fille aînée, et Anne-Josèphe-Pétronille Amade, fille plus jeune. Désir témoigné par le testateur d'être inhumé dans l'église de Monbéqui, au tombeau de son père. Il exhorte ses enfants à procéder au partage de sa succession en bons frères et en parfaite harmonie. Ce testament a été ouvert en présence des citoyens Jean-Baptiste Delbreil-Meilhan, propriétaire à Montauban; Jean-Pierre Gerbaud, prêtre à Finhan; Jean-Antoine Bouloc, prêtre à Bourret.

Joye, commune de Montech, l'an XII de la République Française et le 6 brumaire.

Acte de partage rédigé par Mᵉ Vital Maison, notaire à la résidence de Montech, entre Jean-Joseph Amade, propriétaire, domicilié aux Barayroux, commune de Nègrepelisse, département du Lot; Dame Michelle-Anne Amade, épouse de Monsieur Jean-Pierre-Anne Delpech, propriétaire, habitant de Montech, assistée de son mari, qui l'autorise; et Dame Anne-Joséphine Moynier Amade, épouse de M. Jean-Etienne Galibert, aussi propriétaire, résidant à Castelsarrasin, assistée de son mari, qui l'autorise. La métairie des Bernauses est attribuée à

Madame Galibert. Les deux autres héritiers se chargent de la succession paternelle et Mme Galibert renonce à tous droits ultérieurs sur la succession de ses père et mère M. Galibert et ladite dame Amade, son épouse, renonçant à l'utilité des jugements obtenus contre ledit sieur Joseph Amade père, consentent à la radiation de l'inscription faite en leur nom au bureau des hypothèques de l'arrondissement et promettent de ne plus rien demander audit M. Jean-Joseph Amade, ni à ladite dame Amade-Delpech, qui de leur côté renoncent à tout recours contre ladite dame Amade-Galibert pour cause de charges du surplus des autres biens et hérédités, et prennent le tout sur leur compte. — Fait en la présence de MM. Paul-Joseph Delbosque, président du tribunal de Castelsarrasin; Géraud-François Laparre Saint-Sernin, domicilié à Verdun; Romuald Revel, domicilié à la commune de Cauzé, qui ont signé, ainsi que : Amade-Delpech, Amade-Galibert, Galibert, Amade et Maison, notaire.

Montech, le 22 ventôse an XIII de la République Française.

Acte dressé par Me Bernard Maison, notaire à Montech, constatant la quittance donnée par les héritiers Mazade à M. Jean-Joseph Amade, propriétaire, domicilié aux Barayroux commune de Nègrepelisse, département du Lot, de la somme de 4,000 livres par lui comptée auxdits héritiers Mazade, pour complément du prix de la métairie des Bernauses, acquise par son père Joseph Amade ; moyennant cette somme tous les différents sur cette créance sont terminés, et l'inscription hypothécaire se trouve radiée par le présent acte. — Ont signé, étant présents : les maris des héritières de M. Mazade, savoir : De Pendariès-Mazade, Manas-Mazade, Amade, et Maison, notaire.

2 novembre 1807.

Extrait d'acte du décès de M. Joseph Amade, veuf, propriétaire, âgé de 72 ans, né à Castelsarrasin, demeurant près de Montech, au domaine de Joye, fils de M. Guillaume Amade et de Dame Jeanne Linas; déclaration faite par M. Pierre-Jean-Baptiste Delpech, et par M. Bertrand Maison, demeurant à Montech, à M. Dubois-Boutary, maire de Montech, faisant les fonctions d'officier public de l'état civil. Ce décès a eu lieu le 22 du mois de vendemiaire an XII.

13 novembre 1807.

Clauses du contrat de mariage de Jean-Baptiste-Joseph Amade, habitant au château des Barayroux, commune de Nègrepelise, département du Lot, fils majeur de feu Joseph Amade et de feu Dame Claire de Moynier.

Avec demoiselle Justine-Gérarde-Marie-Josèphe de Montbrun, habitante de la commune de Beaumont, fille de Pierre-Marie-Elisabeth de Montbrun, et de dame

Perrette-Denise de Sacaze. — Ont signé au contrat ; Jean-Marie de Montbrun, frère de la future ; Jean-Baptiste Delbreil-Meilhan, habitant de Montauban ; Xavier-Claude de Revel, habitant de Cologne ; Philippe-Arnaud-François de Cuzolz ; Jean Rivière, propriétaire, habitant de Beaumont ; Montbrun ; Justine de Montbrun ; Amade ; Montbrun, née de Sacaze ; Pélagie de Montbrun, sœur de la future ; et de Dubor, notaire, à Beaumont.

Du 18 novembre 1814.

Certificat délivré par M. de Forcade, commissaire extraordinaire du Roi, et par M. de Sambucy, baron de Miers, coadjuteur de M. de Pourquéry du Bourg, constatant la composition de l'état-major devant agir à Toulouse et dans les provinces du midi de la France, composition agréée par le Roi à Blankenbourg, le 19 avril 1797, sur la présentation qui en fut faite à Sa Majesté à Véronne, le 17 mars 1796, par M. Antoine de Pourquéry du Bourg. — Cet état-major était ainsi composé :

M. Guintrand, maréchal-de-camp, décoré du cordon rouge, chef dudit état-major.

M. de Parazols, premier lieutenant-colonel de la garde à cheval du roi Louis XVI, chevalier de l'ordre royal et militaire de Saint-Louis, sous-chef d'état-major.

M. d'Aufrédy, capitaine d'infanterie, chevalier de Saint-Louis, major-général.

M. de Sambucy, baron de Miers, coadjuteur de M. de Pourquéry du Bourg.

M. de Gillety, ancien mousquetaire, officier dudit état-major.

M. de Fajac, ancien mousquetaire, officier dudit état-major.

M. de Rabaudy de Montoussin, officier dudit état-major.

M. Alexandre-Auguste Jammes, chevalier ès-lois, bâtonnier de l'ordre des avocats, professeur de la faculté de droit et recteur de l'académie royale de Toulouse, secrétaire dudit état-major.

M. de Bourdilh, ayant servi dans les dragons, député vers Sa Majesté à Blankenbourg, premier aide-de-camp.

M. d'Amade, ancien officier, second aide-de-camp.

Délivré à Toulouse, le 15 novembre 1814. — Signé : Sambucy, baron de Miers.

Visé et collationné par le délégué de la police générale du royaume, en mission dans les départements méridionaux.

A Toulouse, le 18 novembre 1814. — Signé : De Forcade.

Montauban, le 20 mars 1815.

Le préfet du département de Tarn-et-Garonne, vu les instructions des ministres de Sa Majesté :

Charge M. d'Amade de se rendre dans les diverses communes des arrondissements de Montauban et de

Castelsarrasin pour accélérer les opérations relatives aux levées des volontaires destinés à la défense de la patrie et la formation du corps de cavalerie à organiser dans le département, sous le commandement de M. le comte de Gironde.

En conséquence, M. d'Amade est autorisé à recevoir les enrôlements volontaires de tous les bons et fidèles citoyens. MM. les Sous-Préfets et Maires sont invités à faciliter et à protéger l'objet de sa mission.

Fait à l'hôtel de la Préfecture, à Montauban, le 20 mars 1815. — Signé : le vicomte de Villeneuve.

Du 30 mars 1815.

Le service du Roi demandant qu'il s'organise, le plus promptement possible, une Garde nationale à cheval dans le département de Tarn-et-Garonne, je crois devoir ordonner à M. d'Amade de rester dans ledit département jusqu'à nouvel ordre.

Montauban, le 30 mars 1815. — Signé : L. duc de Laforce, pair de France, maréchal-de-camp, commissaire extraordinaire du Roi.

Montauban, le 10 août 1815.

Arrêté du Préfet portant nomination de Maire, à la mairie de Nègrepelisse, de M. Amade, Joseph, en remplacement du sieur Bonnet, démissionnaire.

Serment de fidélité au Roi et d'obéissance aux lois

du royaume, sera consigné au registre de la mairie. Le Sous-Préfet de Montauban est chargé de l'exécution dudit arrêté. — Signé : le vicomte de Villeneuve. — Pour ampliation : Le Sous-Préfet de l'arrondissement de Montauban.

Du 12 août 1815.

Lettre de M. le Sous-Préfet, contenant ampliation de l'arrêté de M. le Préfet sous la date du 10 août, à M. d'Amade, Jean-Joseph, à Nègrepelisse, le priant d'accuser réception de cet acte et d'entrer en fonctions le plus tôt possible. Il lui témoigne le désir d'avoir avec lui des rapports agréables; il espère que son dévouement pour le Roi et son amour pour le bien public garantiront à l'autorité supérieure une administration sage et ferme, qui ramènera les plus égarés aux bons principes — Le Sous-Préfet, Signé : Illisible.

Du 21 octobre 1815.

Nous, ex-membre dans l'ancien Comité du Roi, organisé en 1796, par ordre de M. Pourquerie du Bourg, commissaire de Sa Majesté, certifions, que M. Jean-Joseph d'Amade, habitant des Barayroux, canton de Nègrepelisse, arrondissement de Montauban, a toujours manifesté des sentiments contraires à la Révolution ; que sa constante persévérance à lutter contre les ennemis de l'Autel et du Trône lui a fait éprouver toutes leurs persécutions ; que dans toutes les circonstances où les amis de l'auguste famille des Bourbons ont cru entrevoir l'espoir d'une insurrection favorable à la monarchie légitime, il a, par son énergie et par son courage, excité les âmes timides à défendre la cause sacrée ; qu'aucun danger et aucun sacrifice ne lui ont coûté ; qu'il a constamment exposé sa fortune et sa personne avec le plus grand dévouement ; qu'il a dû émigrer deux fois ; qu'il a subi six arrestations et reçu plusieurs blessures ; qu'il était en 1796, 1797, 1798, aide-de-camp du général de Guintrand, commandant les insurrections du Midi à ces différentes époques ; et enfin, que sa conduite patriotique, pendant tout le cours de la Révolution, a été celle d'un des plus zélés et francs royalistes.

Fait à Montauban, le 21 octobre 1815. — Signé : Louis Poursillié ; Arnac ; Costes, docteur-chirurgien ; Talou ; Soleville, secrétaire ; le vicomte de Gironde, commandant la Garde nationale de Montauban.

Paris, 15 mars 1816.

MINISTÈRE DES FINANCES

Nomination de percepteur adressée par le Secrétaire d'État, Ministre des finances, à M. Joseph d'Amade, maire de Nègrepelisse, en remplacement de M. Maurice Anduze.

Arrêté le 15 mars 1816 à Paris. — Signé : le comte Corvetto. — Pour ampliation : le Secrétaire-Général. — Signé : Lefèbvre.

Montauban, le 2 avril 1816.

Lettre du Receveur général du département de Tarn-et-Garonne invitant M. d'Amade, percepteur à vie, de la perception de Nègrepelisse, à verser un cautionnement de 2,724 fr. 09 cent. — Signé : L. Clerck.

PRÉFECTURE
de
TARN-ET GARONNE
—
Bureau particulier

Montauban, le 13 avril 1816.

M. le Préfet de Villeneuve écrit à M. d'Amade, percepteur à Nègrepelisse, que Son Excellence le Ministre Secrétaire d'Etat de la police générale lui ayant envoyé quelques exemplaires du testament de la reine *Marie-Antoinette*, il s'empresse de le comprendre dans la distribution de ce document précieux.

Ce sera pour lui une douloureuse mais réelle consolation que de posséder le *fac-simile* retraçant jusqu'aux moindres traits de l'écriture de cette auguste princesse, si malheureuse et si digne de nos regrets. C'est dans cet acte que tous les Français doivent puiser les sentiments et les leçons que peut seule offrir la noble alliance de la religion, du malheur et de la vertu.

Sentiments affectueux,

Le Préfet de Tarn-et-Garonne. — Signé : de Villeneuve.

Montauban, le 30 mai 1814.

AU QUARTIER GÉNÉRAL.

Le Maréchal des camps et armées du Roi, commandant du département de Tarn-et-Garonne à M. Amade.

Monsieur,

J'ai l'honneur de vous prévenir que je vous ai choisi pour correspondant de la police militaire dans le canton de Nègrepelisse, en remplacement de M. Bessey, qui à cause de ses nouvelles fonctions, ne peut continuer à s'occuper de cette correspondance.

Je m'applaudis, Monsieur, de vous compter au nombre des personnes dévouées au Roi, qui veulent bien se charger de l'emploi délicat et honorable auquel vous ont appelé votre zèle et votre attachement à l'auguste famille qui nous gouverne.

Je vous remets, en conséquence, ma circulaire du 16 avril, avec la circulaire confidentielle et secrète de M. le comte Partounaux, commandant la division, en date du 12 du même mois. Ces deux lettres vous mettront en même de connaître l'étendue des obligations que vous voudrez bien, j'espère, vous imposer.

Recevez, Monsieur, l'assurance de ma considération très-distinguée. — Signé : H. comte d'Héricour.

Du 24 juin 1816.

1re LÉGION.   DÉPARTEMENT DE TARN-ET-GARONNE

5e COHORTE.

ÉTAT-MAJOR.   GARDES NATIONALES

Le Préfet de Tarn-et-Garonne, chevalier de la légion d'honneur,

Vu les ordonnances royales, etc.; sur la proposition de M. l'Inspecteur des gardes nationales du département, arrête : M. d'Amade, Joseph, est provisoirement nommé le chef de la cinquième cohorte (chef-lieu Nègrepelisse) des gardes nationales de l'arrondissement de Montauban. Le présent arrêté servira de brevet jusqu'à la nomination définitive qui sera faite par S. A. R. Monseigneur, colonel général des gardes nationales du royaume.

Fait à l'hôtel de la Préfecture, à Montauban, le 24 juin 1816. — Signé : Le vicomte de Villeneuve.

Vu par nous Inspecteur des gardes nationales du département de Tarn-et-Garonne.

A Montauban le 5 juillet 1816. — Signé : Le comte de Gironde.

PRÉFECTURE
de
TARN-ET-GARONNE

Bureau particulier.

(à lui-même.)

Montauban, le 2 juillet 1816.

MONSIEUR,

Son Excellence le Ministre de l'intérieur, Secrétaire d'Etat, que j'avais entretenu de vos droits à obtenir la décoration de la Légion d'honneur lors de la première promotion qui serait faite dans cet ordre, me fait observer qu'il est indispensable qu'il ait sous les yeux l'état détaillé de vos services et un certificat signé de cinq personnes exerçant des fonctions analogues à la vôtre, autant que faire se pourra revêtues du grade de chevalier de la Légion d'honneur. Je vous invite en conséquence à m'adresser, sous le plus bref délai, une demande où vos services seront spécifiés et détaillés et un certificat dans la forme indiquée ci-dessus, conformément à l'article 21 de l'ordonnance royale du 26 mars 1816.

Agréez Monsieur, l'assurance de ma considération distinguée.

Le Préfet de Tarn-et-Garonne. — Signé : le vicomte de Villeneuve.

Post Scriptum particulier. — Mon cher monsieur, faites signer votre certificat par MM. de Mortarieu, de Preissac, de Guintrand, Delbreil, ou tout autre légionnaire ; j'y joindrai avec plaisir ma signature, cela suffira. Tout à vous. — Signé : Vicomte de Villeneuve,

A M. d'Amade, percepteur à Nègrepelisse.

28 Décembre 1816.

Lettres patentes concédées, par le Roi Louis XVIII, au sieur Jean-Baptiste-Joseph Amade, lieutenant de la Garde Royale à cheval de Montauban, qui le décorent du titre de noble, ensemble ses enfants, postérité descendants mâles et femelles, nés et à naître, avec la qualité d'écuyer du Roi et les armoiries qui sont :

d'argent à un lion de sable, armé et lampassé de gueules, au chef d'azur, chargé de trois besans d'argent, l'écu timbré d'un casque taré de profil, orné de ses lambrequins. — Signé, Louis. — Par le Roi, le Chevalier de France, Signé : Dambray.

Enregistrées à la commission du sceau, registre N., fol. 260 ; — Signé : Cuvillier, secrétaire-général du sceau.

Lues, publiées et enregistrées en Cour royale, à Toulouse, en exécution de l'arrêt du 10 février 1817. — Signé : Cabos.

10 février 1817.

Arrêt de la Cour royale de Toulouse, portant publication et enregistrement des lettres patentes de noblesse concédées à M. Jean-Baptiste-Joseph Amade, lieutenant de la Garde royale de Montauban, et prestation de serment du titulaire.

Du 1er juin 1817.

Le Maréchal de camp inspecteur des gardes nationales du département de Tarn-et-Garonne, chevalier de Saint-Louis, certifie que M. Jean-Joseph d'Amade, écuyer du Roi, sert dans la garde nationale de ce département en qualité de chef de bataillon, et qu'il a puissamment contribué par son zèle à l'organisation de ce corps.

Il certifie de plus que M. d'Amade a été constamment dévoué à la cause du Roi et de son auguste famille, et qu'il a éprouvé, pendant tout le cours de la Révolution, les persécutions qui étaient le prix d'une bonne conduite.

A l'hôtel de l'inspection, à Montauban, le 1ᵉʳ juin 1817. — Signé : Le comte de Gironde.

A Montauban, le 1ᵉʳ juin 1817.

CERTIFICAT D'ÉMIGRATION.

Nous soussignés, chevaliers de l'ordre royal et militaire de Saint-Louis, certifions et attestons qu'il est à notre connaissance que Monsieur Jean-Joseph d'Amade, écuyer du Roi, a émigré en 1795 et qu'il a servi en Espagne dans le corps des émigrés jusqu'en 1798, époque à laquelle il est rentré en France. — Signé : Le Duc de la Force, pair de France, maréchal de camp.

Le comte de Gironde. — Delteil. — Latapie de Gerval. — Le comte Alexandre de Guintrand. — Commines.

Nègrepelisse, le 28 décembre 1821.

Naissance de noble Adolphe d'Amade, constatée par M. Paul-François Bonnet, maire, officier de l'Etat civil de la commune de Nègrepelisse, fils de noble Jean-Joseph d'Amade, écuyer du roi, et de noble Justine-Gérarde-Marie-Josèphe de Montbrun, le 28 décembre, à

6 heures du matin, au château des Barayroux. — Témoins : Jean-François-Anne-Victor Bonnet, fils aîné, et Charles de Laporte.

Du 3 février 1824.

Jugement rendu par le tribunal civil de première instance de Montauban et en séance publique de la première chambre, présents : M. Rous, chevalier de la Légion d'honneur, président ; Hucafol, de Granal, de Broca, juges ; M. Cornac, substitut du procureur du roi. — Lantelme, commis greffier.

M. Cornac expose que par ordonnance du Roi, rendue au château des Tuileries le 30 décembre 1823, le sieur d'Amade, percepteur des contributions, est nommé juge de paix du canton de Nègrepelisse, en remplacement de M. Gardes ; c'est pourquoi l'exposant réclame du tribunal qu'il lui plaise de recevoir le serment du dit sieur d'Amade, ici présent, et d'ordonner l'enregistrement de ladite ordonnance.

Le sieur d'Amade ayant été introduit dans le parquet, et sa main levée à Dieu, a juré fidélité au Roi, de garder et faire observer la loi du royaume, ainsi que les ordonnances et règlements, et de se conformer à la Charte que le Roi a donnée à son peuple. — Duquel serment le tribunal accorde acte et ordonne l'enregistrement. Suit la teneur de l'ordonnance royale :

« Louis, par la grâce de Dieu Roi de France et de Navarre, à tous ceux qui ces présentes verront, salut. Nous avons ordonné et ordonnons ce qui suit :

« Art. 1ᵉʳ. — Le sieur d'Amade, percepteur des contributions, est nommé juge de paix du canton de Nègrepelisse, arrondissement de Montauban, département de Tarn-et-Garonne, en remplacement du sieur Gardes.

« Art. 2. — Notre garde des sceaux ministre de la justice, est chargé de l'exécution de la présente ordonnance.

« Donné au château des Tuileries, le 30 décembre de l'an de grâce 1823 et de notre règne le 29ᵉ. Signé : Louis. — Par le Roi, le garde des sceaux, ministre secrétaire d'État au département de la justice, signé : comte de Peyronnet. — Pour copie conforme, le conseiller d'Etat, secrétaire général du ministère, signé : de Vatimesnil. »

Bordeaux, le 12 janvier 1827.

DIOCÈSE

de

BORDEAUX

Monseigneur de Cheverus écrit à Madame d'Amadé, née de Montbrun, une lettre pleine de sentiments affectueux pour elle, son mari et ses enfants, lui témoignant le regret qu'il éprouve de ne pouvoir accompagner ses filles adoptives, les Dames Duplessis, aux Barayroux, d'où ils pourraient aller visiter le curé de Nègrepelisse et le loyal curé de Fontneuve. Il rappelle les inquiétudes qu'a dû lui procurer l'incendie du collège royal de Toulouse, où se trouvait son fils aîné, et se réjouit que cet évènement n'ait eu d'autre suite que la mort de la pauvre lingère. Demande des prières et ajoute qu'il ne l'oublie pas, adresse ses vœux pour elle et les siens, et affirme son respectueux attachement. — Signé : Jean, archevêque de Bordeaux.

17 juillet 1837.

Clauses du mariage de M. Alphonse-Henri-Claude de Jay, chevalier de Beaufort, capitaine-commandant le dépôt de recrutement de Tarn-et-Garonne, à Montauban, fils de Jacques de Jay, comte de Beaufort, maréchal-de-camp, et de Dame Béatrix de Paty, comtesse de Beaufort,

Avec Demoiselle Jeanne-Marie-Elisabeth-Anne-Josèphe-Aurélie d'Amade, fille de noble Jean-Baptiste-Joseph d'Amade, écuyer du Roi, ancien magistrat, et de noble Dame Justine-Gérarde-Marie-Josèphe de Montbrun, résidant au château des Bareyroux. Ont signé au contrat : les futurs ; Stéphane d'Amade, frère de la future; Demoiselles Louise d'Amade, Coralie d'Amade, Marie d'Amade, ses sœurs ; M. Félix Bessey des Foulis, son cousin ; M. le baron de Viçose, ami du futur et de la famille Amade, et Bonnet, notaire.

Depuis son mariage, M. Alphonse de Beaufort est devenu vicomte de Beaufort, après la mort de son frère aîné. — Il a été aussi nommé chef de bataillon et chevalier de la Légion-d'Honneur.

Paris, 23 octobre 1840.

DIPLOME DE BACHELIER ÈS-LETTRES

Délivré au nom du Roi par le Ministre Secrétaire d'Etat au département de l'instruction publique, Victor Cousin, pair de France,

A M. d'Amade, Adolphe, né le 28 décembre 1821, aux Barayroux, Tarn-et-Garonne, en vertu du certificat d'aptitude au baccalauréat ès-lettres à lui délivré par le doyen et les professeurs de la faculté des lettres de l'Académie de Cahors, le 4 septembre 1840.

Fait au chef-lieu et sous le sceau de l'Université, ce 23 octobre 1840. Signé : Rendu. — Le secrétaire du conseil, signé : Saint-Marc Girardin. — Pour le ministre, grand maître de l'Université, le censeur vice-président, signé : Esménard.

Paris, le 24 octobre 1840.

ÉCOLE POLYTECHNIQUE.

M. le général Gauldrée-Boilleau, commandant l'école polytechnique, écrit à Madame d'Amade, née de Montbrun, sa cousine par alliance, qu'il s'est rendu au ministère de la guerre pour connaître le résultat des examens de Saint-Cyr en faveur de son fils Adolphe : la promotion était déjà faite, il n'y était pas compris ; mais son rang l'appelle à figurer sur une liste supplémentaire qui va paraître : il est donc admis et il entrera à Saint-Cyr comme les autres, c'est l'important. Il espère que son fils Adolphe, à son arrivée à Paris, viendra voir son excellente tante Madame Sacase, et qu'ils auront alors le plaisir de le voir et de faire sa connaissance. Il promet son concours le plus affectueux en vue de ses succès ; il le recommandera fortement, et il compte bien qu'il viendra les voir les jours de sortie. Il rassure la sollicitude maternelle de sa cousine et lui transmet les compliments affectueux de leur tante commune, Madame Sacase.

Paris, le 16 juillet 1841.

ECOLE POLYTECHNIQUE.
—

Le général G. Boilleau écrit à Madame d'Amade, née de Montbrun, pour lui communiquer ses appréciations sur son fils Adolphe. Ses impressions lui sont très-favorables, son découragement à Saint-Cyr est passé, il a de bonnes notes : il passera sans difficulté en 2e année.

Le retour de M. de Beaufort dans le service de recrutement sera sans doute difficile ; le général indique la marche à suivre pour la demande que doit remettre le commandant à cet effet. Il écrit en sa faveur au général Tholosé qui est l'inspecteur général du 5e de ligne, dans lequel compte M. de Beaufort. Il envoie les compliments affectueux de Madame Sacase pour Monsieur et Madame d'Amade, et y joint ses sentiments d'estime et d'affection.

Paris, le 16 septembre 1841.

ECOLE POLYTECHNIQUE.
—

Le général G. Boilleau annonce à sa cousine Madame d'Amade, née de Montbrun, que son fils Adolphe sera placé, ainsi qu'il l'a demandé, au 5e de ligne avec son beau-frère, M. le commandant de Beaufort. Il est allé lui-même au ministère de la guerre et l'a fait porter pour ce régiment. Compliments et souvenirs affectueux de la part de Madame Sacase, et prière de faire agréer à M. d'Amade l'assurance de son affectueux dévouement. Amitiés à d'Amade de la part des enfants Boilleau.

Paris, 14 octobre 1842.

Le président du conseil, ministre secrétaire d'Etat de la guerre, prévient M. d'Amade (Adolphe), élève à l'école spéciale militaire, que par ordonnance du 1er octobre 1842 le Roi l'a promu au grade de sous-lieutenant dans le 21e régiment d'infanterie légère, où un emploi de ce grade est vacant par le passage de M. Mayer au 3e régiment de marine; il rejoindra sans délai son corps à Nantes.

Paris, le 14 octobre 1842. — Signé : Maréchal duc de Dalmatie.

Paris, 23 octobre 1842.

ECOLE POLYTECHNIQUE.

Le général G. Boilleau témoigne à Madame d'Amade née de Montbrun, sa cousine, ses regrets sur le contre-temps qui vient de priver son fils Adolphe du régiment pour lequel il avait été inscrit. La cause réelle est qu'il n'y avait pas de vacance de sous-lieutenant au 5e de ligne. Mais il sera peut-être utile et avantageux pour son fils d'être envoyé au 21ᵉ léger, dont le colonel est un ami intime du général Depanis, frère de Madame Sacase. Adolphe sera donc particulièrement recommandé et il ne sera pas perdu de vue. Compliments et affections à l'adresse de toute la famille et amitiés à d'Amade de la part des enfants Boilleau.

3 novembre 1842.

Clauses du contrat de mariage de M. Jean-Pierre-Victor Bourjade, inspecteur de l'administration de l'enregistrement et des domaines à Montauban, fils de feu Jean-Pierre Bourjade, conservateur des hypothèques à Castelsarrasin, et de dame Catherine-Eulalie Bosc, veuf en premières noces de dame Honorine-Adélaïde Prévost de Saint-Cyr ;

Avec demoiselle Jean-Etienne-Louise d'Amade, fille majeure de M. Jean-Baptiste-Joseph d'Amade, écuyer du roi, ancien magistrat, et dame Justine-Gérarde-Marie-Josephe de Montbrun, habitant au château des Barayroux, canton de Nègrepelisse.

Assistés de M. Gaspard Bonnet, directeur de l'enregistrement et des domaines du département de Tarn-et-Garonne, et de M. Paul-Thomas de Viçose, baron de Lacour, chevalier de la Légion-d'Honneur.

Ont signé au contrat : les futurs ; M. Stéphane d'Amade, frère de la future ; M. le chevalier de Beaufort, chef de bataillon d'infanterie en non activité, son beau-frère ; Madame de Beaufort, née d'Amade, et Demoiselles Coralie, Marie et Pélagie d'Amade, ses quatre sœurs ;

M. d'Amade, son père ; Madame d'Amade, née de Montbrun, mère de la future, et M. Cambon, notaire à Montauban (1).

Paris, le 9 mars 1844.

ECOLE POLYTECHNIQUE.

Le général Boilleau témoigne à sa parente Madame d'Amade, née de Montbrun, la satisfaction qu'a eue Madame Sacase de recevoir de ses nouvelles ; lui et elle ne cessent de conserver un bon souvenir de son fils Adolphe : ils seront heureux de tout ce qui pourra lui advenir de favorable ; ils s'empresseront de lui être utiles si l'occasion s'en présente. Le général donne des nouvelles de sa famille : Madame Sacase, toujours bonne, telle que Madame d'Amade l'a connue ; Charles, fils aîné du général, sorti le deuxième de l'école polytechnique, a choisi la carrière des mines ; Jules sortira de Saint-Cyr dans les 60 premiers ; Alfred travaille au ministère des finances, où il est surnuméraire ; Louise grandit en talent et

---

(1) M. Bourjade, époux de Demoiselle d'Amade, est mort en 1854, directeur de l'enregistrement et des domaines dans le département de la Dordogne, à Périgueux.

De ce mariage sont issus trois frères : Joseph Bourjade, receveur des domaines, marié à Demoiselle Denise N..., d'où Marie-Louise Bourjade.

Gaston, capitaine d'infanterie, marié à Demoiselle Marguerite Bérail, sa cousine germaine, d'où trois fils.

Maurice Bourjade, contrôleur des Contributions directes, marié à Demoiselle Lubie Méric de Bellefond, d'où trois enfants.

en taille, dirigée par son excellente tante. Compliments et souvenirs affectueux pour toute la famille d'Amade de la part de la famille Boilleau.

Nantes, le 29 juillet 1845.

Lettre particulière du lieutenant-général Trézel au général d'artillerie Boilleau, répondant à sa recommandation en faveur du sous-lieutenant d'Amade, du 21e régiment d'infanterie légère; cet inspecteur général fait l'éloge de M. d'Amade, et annonce qu'il le fait figurer au tableau d'avancement. Il rappelle les souvenirs des guerres d'Espagne, et témoigne sa satisfaction de l'occasion qui lui est offerte d'entretenir de bonnes relations avec un de ses bons camarades de la Catalogne. — Signé : Général Trézel.

20 août 1845.

Lettre du ministère de la guerre donnant avis à M. d'Amade, sous-lieutenant au 21e léger, qu'il a été placé parmi ceux qui ont mérité un témoignage de satisfaction pour le travail topographique et militaire qu'il a exécuté en 1844.

Paris, le 20 août 1845. — Signé : Le président du conseil, ministre secrétaire d'Etat de la guerre, Maréchal duc de Dalmatie.

8 août 1846.

Dépôt du testament olographe de M. Jean-Baptiste-Joseph d'Amade, écuyer du Roi et ancien juge de paix du canton de Nègrepelisse, décédé au château des Barayroux, commune et canton de Nègrepelisse, le 7 août 1846, inhumé dans le cimetière de la paroisse de Saint-Etienne-de-Tulmont, canton de Nègrepelisse.

Paris, 3 octobre 1846.

Lettre d'avis adressée à M. d'Amade (Adolphe), sous-lieutenant au 21° régiment d'infanterie légère, par le pair de France, ministre secrétaire d'Etat de la guerre, lui annonçant que, par ordonnance du 30 septembre 1846, le Roi l'a promu au grade de lieutenant dans ledit corps, en remplacement de M. de Cardi, admis à la retraite. — Signé : M. de Saint-Yon.

9 novembre 1846.

Clauses du contrat de mariage de M. Jean-Pierre-Perette-Denise-Stéphane d'Amade, écuyer du Roi, agent-voyer principal de l'arrondissement de Montauban, fils de feu Jean-Baptiste-Joseph d'Amade, écuyer du Roi, et de dame Justine-Gérarde-Marie-Josèphe de Montbrun, habitant au château des Barayroux, commune et canton de Nègrepelisse ;

Avec Demoiselle Pauline-Marie-Julien de Moriès, habitant avec son oncle et ex-tuteur, au château de Reyniès, canton de Villebrumier, fille majeure de feu Louis-Claude-Edouard-Julien, baron de Moriès, maréchal de camp, chevalier des ordres du Roi, et de dame Jeanne-Marie-Anne-Josèphe de Séguin de Reyniès, décédée.

Assistée de M. Etienne-Trophine-Alexandre-Joseph de Séguin, marquis de Reyniès, son oncle maternel ; de sa tante dame Hermine-Marie-Françoise de Bérulle, marquise de Reyniès, habitants de Toulouse ; de M. François-Xavier de Séguin, vicomte de Reyniès, autre oncle maternel de la future, son ex-tuteur ; et de Dame Mathilde-Adélaïde-Marthe d'Astrié, vicomtesse de Reyniès, habitant au château de Reyniès.

Ont signé au contrat : les futurs ; veuve d'Amade, née de Montbrun, mère du futur ; Adolphe d'Amade, lieutenant au 21e régiment d'infanterie légère, frère du futur ; Paul de Reyniès, cousin de la future ; Cambon et Faure, notaires.

Madame Stéphane d'Amade, née de Moriès, est morte sans enfants, restituant sa fortune, après les jouissances qu'elle laisse à son mari, proportionnellement à ses cousins : Albert de Reyniès, mari de mademoiselle Madeleine de Gondrecourt ou leurs enfants, et Julien de Moriès, mari de Mademoiselle de Lastic-Saint-Jal.

Paris, le 31 janvier 1849.

Lettre du ministre de la guerre donnant avis à M. d'Amade, lieutenant au 21e léger, qu'il a été placé parmi ceux qui ont mérité des éloges pour le travail topographique et militaire qu'il a exécuté en 1847.

Paris, le 31 janvier 1849. — Signé : Rullière.

Paris, le 6 octobre 1849.

Le ministre de la guerre prévient M. d'Amade

(Adolphe), lieutenant au 21ᵉ régiment d'infanterie, légère qu'il est nommé à un emploi de son grade à l'école spéciale militaire en remplacement de M. Guyot, qui a demandé à rentrer dans son régiment. M. d'Amade ne cessera pas de compter à son corps.

Avis donné, pour le ministre et par son ordre, par le général Bertrand, directeur du personnel. — Signé : Général Bertrand.

Paris, le 5 février 1850.

Le ministre de la guerre prévient M. d'Amade (Adolphe), lieutenant au 21ᵉ régiment d'infanterie légère, détaché à l'école spéciale militaire qu'il est autorisé d'après sa demande, à rentrer à son régiment dès que son successeur y sera arrivé.

Avis donné par le ministre lui-même. — Signé : d'Hautpoul.

23 juillet 1851.

Clauses du contrat de mariage de M. Adolphe d'Amade, lieutenant au 21ᵉ régiment d'infanterie légère, en garnison à Rome, fils de feu Jean-Baptiste-Joseph d'Amade, ancien magistrat, et de Dame Justine-Gérarde-Marie-Josèphe de Montbrun, demeurant au château des Bareyroux, canton de Nègrepelisse;

Avec Demoiselle Marie-Thérèse-Amélie Mieulet de Ricaumont, fille majeure de feu Etienne-Guillaume-Honorat-Thérèse-Albert Mieulet de Ricaumont et de Dame Jeanne-Henriette-Louise-Mathilde de Peytes de Montcabrié, habitants de Castelsarrasin.

Ont signé au contrat : les futurs ; veuve de Ricaumont, née Mathilde de Peytes de Montcabrié, mère de la future ; veuve d'Amade, née de Montbrun, mère du futur, veuve de Peytes de Montcabrié, née de Campan, aïeule maternelle de la future ; de Beauquesne, née Théonie de Peytes de Montcabrié, tante de la future ; Amélie de Ricaumont, sa sœur ; Gabrielle de Beauquesne, sa cousine ; Louise Bourjade, née d'Amade ; Pauline d'Amade, née de Moriès, sœur et belle-sœur du futur ; Alphonse de Peytes de Montcabrié, Gustave de Beauquesne, oncles de la future ; Mieulet de Lombrail et Octave Mieulet de Larivière, parents de la future; Camille Patron ; J. Carrère-Dupin, juge au Tribunal, amis des deux familles, et Laurens, notaire à Castelsarrasin.

21 octobre 1851.

Ouverture du testament olographe de Demoiselle Coralie d'Amade, décédée le 14 octobre 1851. — Ce testament, daté du 26 janvier 1847, a été reçu et déposé par M⁰ Bonnet, notaire à Nègrepelisse ; il a été fait en faveur des Demoiselles Marie et Pélagie d'Amade, sœurs de la défunte, et de Dame veuve d'Amade, sa mère.

Paris, le 30 novembre 1851.

Le ministre de la guerre informe M. d'Amade (Adolphe), lieutenant au 21e régiment d'infanterie légère, que par décret du 30 novembre 1851 il est promu au grade de capitaine dans le corps dont il fait partie en remplacement de M. Coq promu chef de bataillon. Avis donné par le ministre lui-même. — Signé : A. de Saint-Arnaud.

11 décembre 1852.

Clauses du contrat de mariage de M. Jean-Joseph-Dalmas-Auguste Bérail, juge au tribunal civil de première instance de Rodez, y demeurant, fils de feu Jean-François-Guillaume Bérail, avocat, et de Dame Marie-Anne-Marguerite Puech, veuf en premières noces de Dame Sophie Pathoriès,

Avec Demoiselle Marie-Louise d'Amade, fille majeure de feu Jean-Baptiste-Joseph d'Amade, ancien magistrat, et de Dame Justine-Gérarde-Marie-Josèphe de Montbrun, habitant au château des Barayroux, canton de Nègrepelisse.

Ont signé au contrat : les futurs ; veuve d'Amade, née de Montbrun, mère de la future ; Stéphane d'Amade ; Pauline d'Amade, née de Moriès ; Aurélie de Beaufort, née d'Amade ; Alphonse de Beaufort, chevalier de la Légion-d'Honneur, officier supérieur en retraite ; Pélagie d'Amade ; frère, belle-sœur, beau-frère et sœurs de la future ; Bonnet, notaire à Nègrepelisse.

Paris, le 25 décembre 1853.

Le maréchal de France, ministre secrétaire d'État de la guerre, informe M. d'Amade (Adolphe), capitaine au 21e régiment d'infanterie légère qu'il passe dans le 17e bataillon de chasseurs à pied, pour y occuper un emploi de son grade vacant par organisation. Il se rendra sans retard à Toulouse, où son corps s'organise. — Signé : A de Saint Arnaud.

Paris, 29 juin 1854.

Le maréchal de France, ministre de la guerre, prévient le capitaine d'Amade qu'il est nommé à un emploi de substitut du rapporteur près le 2e conseil de guerre de la 12e division militaire séant à Toulouse. Avis donné par le ministre lui-même. — Signé : Vaillant.

Au camp, sous Sébastopol, le 1er janvier 1855.

Le général Dulac, commandant la 7e Division militaire de l'armée d'Orient, prévient M. d'Amade, capitaine au 17e bataillon de chasseurs à pied, qu'il le nomme provisoirement et jusqu'à la sanction de M. le ministre de la guerre, commissaire du gouvernement près le 1er conseil de guerre permanant de la 7e division d'infanterie de l'armée d'Orient, séant au camp sous Sébastopol. — Signé : Dulac.

Devant Sébastopol, le 11 février 1855.

Le sous-intendant militaire, secrétaire de la commission d'examen des candidats qui se présentent pour l'intendance militaire, prévient M. le capitaine d'Amade, du 17e bataillon de chasseurs à pied, que la composition écrite, première épreuve imposée aux candidats devra se faire le douze du courant, à midi, chez M. l'Intendant général de l'armée.

Avis donné par ordre et signé : Baillod.

Paris, le 21 mars 1855.

Le ministre secrétaire d'Etat de la guerre prévient M. d'Amade, capitaine au 17e bataillon de chasseurs à pied, qu'il figure sur le tableau des candidats au grade d'adjoint de 2e classe à l'intendance militaire, dressé pour l'année 1855 par les soins de la commission d'examen pour l'admission dans ce corps.

Avis donné pour le ministre et par son ordre, par M. le conseiller d'Etat, directeur de l'aministration militaire. — Signé : Darricau.

Paris, 31 mars 1855.

Lettre particulière de M. Desvignes, secrétaire du ministre de la marine, annonçant à M. d'Amade sa nomination dans le corps de l'intendance militaire; il le prévient aussi qu'il ne doit pas songer à rentrer en France; les adjoints nommés à l'armée resteront en Orient pendant toute la guerre.

Cette lettre fut remise à M. d'Amade aux tranchées des attaques de droite, c'est-à-dire de la tour Malakoff, pendant le siège de Sébastopol, le 22 avril 1855. — Signé : Desvignes.

Paris, le 12 avril 1855.

Le maréchal de France, ministre secrétaire d'Etat de la guerre, prévient M. d'Amade, Adolphe, capitaine au 17ᵉ bataillon de chasseurs à pied que par décret du 31 mars 1855 il est nommé à un emploi d'adjoint de 2ᵉ classe, vacant dans l'intendance militaire.

Les adjoints de deuxième classe, nommés le 31 mars, prendront rang au fur et à mesure des vacances dans l'ordre du classement, et, s'ils sont nommés simultanément, dans l'ordre d'ancienneté du grade de capitaine. — Signé : Vaillant.

Paris, le 12 avril 1855.

Le ministre secrétaire d'État de la guerre prévient M. d'Amade, nouvellement nommé adjoint de 2ᵉ classe à l'intendance militaire, qu'il est mis à la disposition de M. l'intendant général de l'armée d'Orient.

Il devra prendre immédiatement possession de ses nouvelles fonctions.

Avis donné, pour le ministre, par son ordre, et signé par le conseiller d'Etat, directeur de l'administration militaire, en vertu de la décision ministérielle du 3 avril 1855. — Signé : Darricau.

Grand quartier général de l'armée d'Orient, le 12 mai 1855.

L'intendant général prévient M. d'Amade, adjoint de 2ᵉ classe, qu'il l'a désigné pour être adjoint à M. le sous-intendant militaire Cayol, à Gallipoli ; il devra se rendre sans délai à son poste, où des ordres sont donnés pour qu'il soit reçu dans l'emploi qui lui est conféré. — Signé : M. Blanchot.

Grand quartier général de l'armée d'Orient,
le 6 novembre 1855.

Lettre à M. le sous-intendant militaire Cayol, le chargeant de témoigner à M. d'Amade, adjoint à l'intendance, employé sous ses ordres, la satisfaction de l'intendant général de l'armée d'Orient, au sujet de son rapport sur les opérations de la récolte de foin à Enos.

Copie conforme de la lettre signé : Blanchot.

Ladite copie signée : Cayol.

Gallipoli, le 14 mars 1856.

Rapport de M. Cayol, sous-intendant militaire, directeur des services administratifs de l'arrondissement de Gallipoli, à M. l'intendant général de l'armée d'Orient, en faveur de M. d'Amade, adjoint de 2e classe à l'intendance militaire, qu'il propose pour chevalier de la Légion d'honneur en raison de sa belle conduite pendant l'incendie des magasins du service des subsistances, le 11 mars, à Gallipoli, et de ses antécédents militaires, particulièrement de ses services au siège de Sébastopol, pendant l'hiver 1854 et 1855. — Notes portées sur le mémoire de proposition. — Signé : Cayol.

Paris, le 19 avril 1856.

Le maréchal de France, ministre sous-secrétaire d'Etat de la guerre, prévient M. d'Amade, adjoint à l'intendance, employé à l'armée d'Orient, que, conformément aux dispositions du décret du 31 mars 1855, il prend rang parmi les adjoints de 2e classe à partir du 16 avril courant.

Le ministre de la guerre. — Signé : Vaillant.

Au grand quartier général de l'armée d'Orient,
le 7 mai 1856.

L'intendant général prévient M. d'Amade, adjoint de 2e classe à l'intendance, qu'il l'a désigné pour être employé à Kamiech, sous les ordres de M. le sous-intendant militaire de la Grandville. M. d'Amade devra se rendre sans délai à son nouveau poste, où des ordres sont donnés pour qu'il soit reçu dans l'emploi qui lui est conféré.

L'intendant général, — Signé : Blanchot.

Au grand quartier général de l'armée d'Orient,
le 22 juin 1856.

L'intendant général prévient M. d'Amade, adjoint à l'intendance militaire, qu'il l'a désigné pour être employé à Constantinople après l'évacuation de la Crimée.

M. d'Amade se rendra ultérieurement à son nouveau poste, où des ordres sont donnés pour qu'il soit reçu dans l'emploi qui lui est conféré.

L'intendant général. — Signé : Blanchot.

Constantinople, le 10 juillet 1856.

L'intendant général de l'armée d'Orient prévient M. d'Amade, adjoint de 2e classe à l'intendance militaire, qu'il l'a remis à la disposition de M. le ministre de la guerre, ses services n'étant plus nécessaires en Orient.

M. d'Amade est autorisé à se rendre dans ses foyers, à Montauban (Tarn-et-Garonne), pour y attendre la nouvelle destination que lui assignera M. le ministre de la guerre.

L'intendant général. — Signé : Blanchot.

Paris, le 24 juillet 1856.

Le ministre sous-secrétaire d'Etat de la guerre prévient M. d'Amade, adjoint de 2e classe à l'intendance militaire de l'armée d'Orient, actuellement à Montauban, qu'il est désigné pour être employé à Toulouse, sous les ordres de M. l'intendant militaire de la 12e division. Des ordres sont donnés pour qu'il soit reçu dans l'emploi qui lui est conféré.

Pour le ministre et par son ordre, le conseiller d'Etat directeur de l'administration ; service : Darricau.

13 novembre 1856.

Clauses du contrat de mariage de M. Jean-Clery

Mercier de Sainte-Croix, né le 12 août 1818 à Quissac, canton de Montaigu de Quercy (Tarn-et-Garonne), capitaine adjudant-major au 4ᵉ régiment d'infanterie de ligne, en garnison à Montpellier, fils de feu Jean Mercier de Sainte-Croix, propriétaire, et de Dame Marthe-Céleste Lugan-Desseaux, demeurant audit lieu de Quissac;

Avec Demoiselle Pélagie d'Amade, demeurant au château des Bareyroux, où elle est née le 26 octobre 1829, fille majeure la plus jeune de feu Jean-Baptiste-Joseph d'Amade, ancien magistrat, et de Dame Justine-Gérarde-Marie-Josèphe de Montbrun, sans profession.

Ont signé au contrat : les futurs, Dame veuve d'Amade, née de Montbrun ; Stéphane d'Amade, frère aîné de la future, agent-voyer principal de l'arrondissement de Montauban ; les témoins, Jacques-Sylvain Belloc, prêtre, curé de Saint-Etienne-de-Tulmont ; Louis Vergnes, instituteur de la commune de Saint-Etienne-de-Tulmont, y demeurant ; Bonnet, notaire à Nègrepelisse.

Toulouse, le 27 décembre 1856.

Naissance d'Albert-Gérard-Léo d'Amade, le 24 du courant, à 10 heures du matin, Allées Lafayette, 33, à Toulouse, fils de Adolphe d'Amade, adjoint à l'intendance, et de Marie-Thérèse-Amélie de Ricaumont, mariés et domiciliés dans ladite maison. Témoins : Léo de Ricaumont, employé des finances à Paris, frère de la mère, et Gustave Sacaze, domicilié rue du Sénéchal, dans son hôtel, à Toulouse.

Acte dressé par M. Ozenne, adjoint au maire, officier public de l'état civil.

Toulouse, le 26 janvier 1857.

Certificat délivré à M. d'Amade, Adolphe, adjoint de 2ᵉ classe à l'intendance militaire à Toulouse, constatant qu'il a fait partie de l'expédition de Crimée et qu'il a obtenu la médaille instituée par Sa Majesté la Reine d'Angleterre, qu'il a assisté au siège de Sébastopol, ce qui lui donne droit à une agrafe.

Signé : A Foy, général commandant la 12ᵉ division militaire à Toulouse.

Vu et enregistré au minstère de la guerre, sous le n. 124,941.

Vu pour autorisation, enregistré à la grande chancellerie de la Légion d'honneur, sous le n. 75,427.

Paris, le 30 août 1858.

Le ministre secrétaire d'Etat de la guerre prévient M. d'Amade, adjoint de 2ᵉ classe à l'intendance militaire à Toulouse, que par décision minitérielle du 27 août 1858 il est désigné pour être employé à Belfort, sous les ordres de M. l'intendant militaire de la 6ᵉ division.

Il se rendra sur le champ à sa nouvelle destination.

Paris le 30 août 1858. Pour le ministre et par son ordre, le conseiller d'Etat directeur de l'administration. — Signé : Darricau.

Paris, le 31 décembre 1858.

Le maréchal de France, ministre secrétaire d'Etat de la guerre, informe M. d'Amade (Adolphe), adjoint de 2e classe à l'intendance militaire, employé à Belfort, que par décret du 30 décembre 1858 il est promu au grade d'adjoint de 1re classe dans le corps de l'intendance militaire, où un emploi est vacant par la promotion de M. Rossignol au grade de sous-intendant militaire.

Paris, le 31 décembre 1858. — Signé : Vaillant.

Paris, le 9 février 1859.

Le ministre secrétaire d'Etat de la guerre prévient M. d'Amade, adjoint de 1re classe à l'intendance militaire, employé à Belfort, qu'il est désigné pour remplir les fonctions de sous-intendant militaire à Cahors, sous les ordres de M. l'intendant militaire de la 12e division.

Il se rendra sur le champ à sa nouvelle destination sans pouvoir obtenir de sursis d'arrivée.

Paris, le 9 février 1859. — Pour le ministre et par son ordre, le conseiller d'Etat, directeur de l'administration. — Signé : Darricau.

Castelsarrasin, le 5 mai 1859.

Enregistrement du décès de dame Mieulet de Ricaumont, Marie-Thérèse-Amélie, épouse de d'Amade, Adolphe, adjoint à l'intendance militaire, en résidence à Cahors, âgée de trente ans, fille de feu Etienne-Honorat-Guillaume-Thérèse-Albert Mieulet de Ricaumont et de Jeanne-Henriette-Louise-Mathilde de Peytes Moncabrié, décès survenu le 4 mai 1859.

Castelsarrasin, le 24 mai 1859.

Enregistrement du décès de dame de Peytes Moncabrié, Jeanne-Henriette-Louise-Mathilde, propriétaire, veuve de Etienne-Honorat-Guillaume-Thérèse-Albert Mieulet de Ricaumont, âgée de 56 ans, née à Puy-Laurens (Tarn).

Paris, le 28 décembre 1860.

Le ministre secrétaire d'Etat de la guerre informe M. d'Amade, adjoint de 1re classe à l'intendance militaire employé à Cahors, qu'il est désigné pour remplir les fonctions de sous-intendant militaire à Montauban, sous les ordres de M. l'intendant de la 12e division militaire.

Il se rendra sur le champ à sa nouvelle destination.
Paris, le 28 décembre 1860. — Pour le ministre et par son ordre. — Le conseiller d'Etat directeur de l'administration. — Signé : Darricau.

Toulouse, le 5 février 1861.

Acte de mariage de M. Adolphe d'Amade, âgé de 39 ans, adjoint de 1re classe à l'intendance militaire à

Montauban, veuf en premières noces de Marie-Thérèse-Amélie Mieulet de Ricaumont, fils majeur de feu noble Jean-Joseph d'Amade, Ecuyer du Roi, ancien magistrat, et de dame noble Justine-Gérarde-Marie-Josèphe de Montbrun, avec mademoiselle Charlotte-Eulalie-Augusta de Celléry d'Allens, née et domiciliée au château d'Allens, commune d'Arnave (Ariège), fille majeure de M. Jean-Baptiste Amé, baron de Celléry d'Allens, propriétaire, et de dame Adelaïde Corrégée du Tertre, domiciliés au château d'Allens, commune d'Arnave (Ariège) ; Autorisation ministérielle du 28 janvier dernier.

Contrat passé par M. Gay, notaire à Toulouse, le 5 février 1861. Témoins : Joseph-Gustave Lapique, intendant militaire de la 10ᵉ division militaire, Louis-Auguste Jacobé de Naurois, François-Xavier de Séguin, vicomte de Reyniés, Christophe-Télamon Tournois, sous-intendant militaire à Foix, Stéphane d'Amade, frère du futur, Faure de la Roque, en présence de M. Ozenne, adjoint au maire de Toulouse, officier public de l'état civil.

5 février 1861.

Clauses du contrat de mariage de M. d'Amade, Adolphe, adjoint de 1ᵉʳ classe, à l'intendance militaire, titulaire de la sous-intendance militaire de Montauban (Tarn-et-Garonne), fils de feu Jean-Baptiste-Joseph d'Amade, ancien magistrat, et de Dame Justine-Gérarde-Marie-Josèphe de Montbrun, marié en premières noces à Demoiselle Marie-Thérèse-Amélie Mieulet de Ricaumont, décédée le 4 mai 1859 ;

Avec Demoiselle Charlotte-Eulalie-Augusta de Celléry d'Allens, domiciliée au château d'Allens (Ariège), fille de Jean-Baptiste-Amé, baron de Celléry d'Allens, et de Dame Adélaïde-Gabrielle Corrégée du Tertre (de Solages.)

Ont signé au contrat : les futurs ; le baron Amé de Celléry d'Allens, père de la future ; la baronne de Celléry d'Allens, sa mère ; Henri de Celléry d'Allens, son frère ; le vicomte Xavier de Reyniès ; Stéphane d'Amade, frère du futur ; Faure de Larroque ; Gerat et Gay, notaires.

Toulouse, le 5 février 1861 (Contrat de Mariage.)

Le deuxième article des constitutions dotales de mademoiselle Charlotte-Eulalie-Augusta de Celléry d'Allens rappelle que feu M. Auguste de Solages, propriétaire de Castelfranc (Tarn), dans son testament olographe déposé chez Me Cambon, notaire à Labessonnié (Tarn), a légué 10,000 francs à sa nièce et filleule, et que M. le Comte Gabriel de Solages, propriétaire, domicilié à Carmaux, exécuteur testamentaire et légataire universel de son oncle, M. Auguste de Solages, est détenteur de ladite somme, à titre de legs particulier fait à Mademoiselle Augusta de Celléry d'Allens par le dit Auguste de Solages.

Ce legs a été remboursé pour l'achat de la maison, rue du Moustier, n° 15, à Montauban.

Paris, le 16 mars 1861.

Monsieur d'Amade, Adolphe, adjoint de 1re classe à l'intendance militaire à Montauban, est informé que par décret du 13 mars 1861, sur la proposition du ministre secrétaire d'Etat de la guerre, l'Empereur l'a nommé au grade de chevalier dans l'ordre impérial de la Légion d'honneur.

Avis de cette nomination est donné à Son Excellence M. le grand chancelier de l'Ordre.

— Paris, le 16 mars 1861.—Le maréchal de France, ministre secrétaire d'Etat de la guerre. — Signé : Randon.

Paris, le 20 mars 1861.

Sa Majesté l'Empereur, par décret du 13 mars 1861, a nommé chevalier de l'ordre impérial de la Légion d'honneur M. d'Amade, Adolphe, adjoint de 1re classe à Montauban, pour prendre rang à dater du même jour.

Paris, le 20 mars 1861. Le grand chancelier. — Signé : Hamelin. — Par le grand chancelier, le secrétaire général. — Signé : Général Eynard.

Collationné, le chef de la division administrative. — Signé : Pallézy. — N° 98,672.

Toulouse, le 14 juin 1861.

L'intendant de la 12e division militaire invite M. d'Amade à faire établir à son nom un mémoire de proposition pour le grade de sous-intendant militaire de 2ᵉ classe.

Lettre particulière de **M. H. de Juge**.

Toulouse, le 14 juin 1861.

M. le marquis de Solages écrit à M. d'Amade, sous-intendant militaire, son cousin, au sujet du remboursement d'une créance de 10,000 francs due par son fils à la succession de son oncle, Auguste de Solages, et comprise dans la dot de la nièce de ce dernier, Mademoiselle Augusta d'Allens, épouse de M. d'Amade. Compliments affectueux, amitiés à sa cousine Augusta. — Signé : Marquis de Solages.

Montauban, le 26 août 1863.

Acte de naissance de Bernard-Gérard-Jean-Louis-Pierre d'Amade, fils de Adolphe d'Amade, adjoint de 1ʳᵉ classe à l'intendance militaire, chevalier de la Légion d'honneur, et de Madame Augusta-Charlotte-Eulalie de Celléry d'Allens, mariés et domiciliés faubourg du Moustier, n. 15, à Montauban. — Témoins : Stéphane d'Amade, frère du père, et Jean-Baptiste Amé, baron de Celléry d'Allens, propriétaire, domicilié au château d'Allens, commune d'Arnave (Ariège), père de la mère, aïeul maternel de l'enfant, acte dressé par M. Dominique-Jacques Séméziés, adjoint au maire de Montauban, officier de l'état civil de la commune.

UNIVERSITÉ DE FRANCE

Académie de Toulouse. — Faculté de droit.

Villeneuve-Mauzac, le 27 juillet 1864.

Le Doyen de la Faculté de droit de Toulouse à M. d'Amade, sous-intendant militaire, à Montauban.

Mon cher cousin. Le ciel m'a ravi mon épouse bien aimée, et je surmonte ma profonde douleur pour vous annoncer moi-même cette triste nouvelle, que je vous prie de transmettre à votre frère. (Madame Delpech était née d'Arassus.)

Veuillez agréer l'assurance de mon sincère et affectueux dévouement. — Signé : Delpech.

Castelsarrasin, le 30 janvier 1865.

Enregistrement du décès, à Castelsarrasin, de Mieulet de Ricaumont, Etienne-Alphonse, célibataire, âgé de 24 ans, fils de feu Etienne-Guillaume-Honorat-Thérèse-Albert Mieulet de Ricaumont et de feue Jeanne-Henriette-Louise-Mathilde de Peytes Montcabrié ; décès survenu le 30 janvier 1865.

Montauban, le 11 février 1865.

Acte de naissance de Jeanne-Adélaïde-Marie-Stéphanie d'Amade, fille de M. Adolphe d'Amade, adjoint de

1re classe à l'intendance militaire, chevalier de la Légion d'honneur, et de dame Charlotte-Eulalie-Augusta de Celléry d'Allens, mariés et domiciliés faubourg du Moustier, n° 15, à Montauban. Témoins : le baron Jean-Baptiste Amé de Celléry d'Allens, père de la mère, domicilié au château d'Allens, commune d'Arnave (Ariège), et Jean-Pierre-Stéphane d'Amade, agent-voyer principal de l'arrondissement de Montauban, frère du père, domicilié au château des Bareyroux, commune de Nègrepelisse (Tarn-et-Garonne).

Montauban, le 2 mai 1865.

Le président de la Société d'horticulture et d'acclimation de Tarn-et-Garonne informe M. d'Amade, sous-intendant militaire, que la Société l'a élu à l'unanimité conseiller d'administration.

Lettre signée, pour le président, par le vice-président : Alphonse de Gironde.

Montauban, le 25 mai 1865.

Le président de la Société d'horticulture et d'acclimatation de Tarn-et-Garonne témoigne à M. d'Amade, sous-intendant militaire, ses remerciements et ceux de la Société pour le concours qu'il veut bien donner à l'association en qualité de conseiller d'administration ; il se propose de faire ces remerciements en séance et publiquement ; mais, en attendant, il les fait par la présente, et il exprime sa satisfaction personnelle de la collaboration de M. d'Amade. — Signé : Léonce Bergis.

Paris, le 7 janvier 1867.

Le maréchal de France, ministre secrétaire d'Etat de la guerre, informe M. d'Amade, adjoint de 1re classe à l'intendance militaire, employé à Montauban, qu'il est désigné pour remplir les fonctions de sous-intendant militaire dans la division de Constantine, sous les ordres de M. l'intendant de cette division. — Décision ministérielle du 30 décembre 1866.

Pour le ministre et par son ordre : l'intendant militaire, directeur de l'administration militaire. — Signé : Robert.

Toulouse, le 8 janvier 1867.

M. le baron de Séganville, sous-intendant militaire de 1re classe, faisant fonctions d'intendant militaire de la 12e division militaire, témoigne à M. d'Amade, adjoint de 1re classe à l'intendance militaire à Montauban, le chagrin que lui a causé la dépêche annonçant sa désignation pour la province de Constantine; il lui envoie des encouragements — Signé : baron de Séganville.

Toulouse, le 13 janvier 1867.

M. le baron de Séganville envoie à M. d'Amade, adjoint à l'intendance, le sursis de départ de 15 jours que lui a accordé le général en chef, et il l'invite à rendre compte de la date de son départ. — Regrets et sympathie. — Signé : de Séganville.

Le 10 janvier 1867.

Mon cher camarade, le ministre vous a désigné pour la division de Constantine, et il n'est pas possible de revenir sur cette décision. Bien sincèrement à vous. — Le directeur adjoint. — Signé : M. de Préval.

Le 15 janvier 1867.

Mon cher camarade, je sais que vous ne pouviez connaître votre envoi en Algérie lorsque vous m'avez écrit, et votre dernière lettre part d'un sentiment trop honorable pour que je ne m'empresse pas de vous donner cette assurance. A vous bien affectueusement. — Signé : M. de Préval.

Constantine, le 18 janvier 1867.

L'intendant militaire de la division de Constantine prévient M. d'Amade, adjoint de 1re classe à l'intendance militaire, qu'il l'a désigné pour être chargé de la direction des services administratifs de l'arrondissement de Philippeville, en remplacement de M. l'adjoint Bouteillier, appelé à une autre résidence. — Signé : Ch. de Missy.

Montauban, le 21 janvier 1867.

Le Président de la Société d'horticulture et d'acclimation de Tarn-et-Garonne témoigne à M. d'Amade, conseiller d'administration de la société, les regrets unanimes des sociétaires sur son départ pour l'Algérie et leurs vœux pour ses succès. — Signé : Léonce Bergis.

Paris, le 21 août 1867.

Le Maréchal de France, ministre secrétaire d'Etat de la guerre informe M. d'Amade (Adolphe), adjoint de 1re classe à l'intendance militaire, employé à Philippeville, division de Constantine, que par décret du 11 août il est promu au grade de sous-intendant militaire de 2e classe dans le corps de l'intendance militaire en remplacement de M. Clayeux promu à la 1re classe. — Signé : Niel.

Libourne, 19 janvier 1868.

M. Edouard Danglade, mari d'Amélie de Ricaumont, annonce la naissance de sa fille, Marie Danglade ; sa lettre est pleine de sentiments affectueux pour son neveu Albert d'Amade. Cette naissance a été très laborieuse et a sans doute donné lieux aux accidents graves qui peu de jours après ont amené la mort de madame Danglade.

Libourne, le 10 février 1868.

M. Léo de Ricaumont annonce à son beau-frère Adolphe d'Amade, la mort subite et imprévue de madame Danglade, née Amélie de Ricaumont, leur sœur et belle-sœur, mort survenue le 9 février 1868, à Libourne, après la naissance de sa fille Marie Danglade. Elle laisse deux enfants, Albert et Marie Danglade, cousins germains d'Albert d'Amade. Son mari, Edouard d'Anglade, est dans la désolation. La dernière lettre d'Amélie de Ricaumont à son beau-frère Adolphe d'Amade, est du 7 janvier. Elle le remerciait de la visite qu'il lui avait faite en allant conduire son neveu Albert d'Amade au Prytanée militaire.

Paris, le 22 juillet 1868.

M. de Magny, directeur des Archives de la noblesse, à Paris, informe M. d'Amade, sous-intendant militaire de 2e classe à Oran, qu'une charte de 1584, relative à Jean d'Amade, archer de la compagie du vice-sénéchal, M. Lannes a été retrouvée, et qu'elle a été mise de côté à son intention.

Philippeville, 30 août 1868.

Acte de naissance de Charlotte-Henriette-Marie, née le 30 août, à 7 heure du matin, à Philippeville, fille de d'Amade, Adolphe, sous-intendant militaire, chevalier de la légion d'honneur, et de dame baronne de Celléry d'Allens, Augusta-Charlotte-Eulalie. Témoins: Lacombe, Joseph, commandant de place de Philippeville, officier de la légion d'honneur, et M. le baron de Chaudruc de

Crazannes, Henri-Paul-Eugène, adjoint de 1re classe à l'intendance militaire à Philippeville. Ledit acte, reçu par M. A. Wallete, maire de Philippeville.

Extrait légalisé et enregistré.

Philippeville, le 24 septembre 1868.

Arrêté du maire de Philippeville (Algérie), conférant à M. d'Amade, sous-intendant militaire à Philippeville, le droit à concession temporaire pour 15 ans, de deux mètres superficiels de terrain au cimetière de la commune pour y fonder la sépulture particulière de sa fille, Charlotte-Henriette-Marie, née le 30 août et décédée le 22 septembre 1868.

Le maire, chevalier de la légion d'honneur. — Signé : A. Wallete.

Philippeville, le 24 septembre 1868.

Acte de décès de d'Amade, Charlotte-Henriette-Marie, âgée de vingt-cinq jours, fille de Adolphe d'Amade, sous-intendant militaire, chevalier de la légion d'honneur, et de dame baronne de Celléry d'Allens, Augusta-Charlotte-Eulalie, demeurant ensemble à Philippeville, à la sous-intendance militaire. Déclaration faite par les témoins : Lacombe, Joseph, commandant de place de Philippeville, officier de la légion d'honneur, et Romanet, Léon-Louis-Guillaume-Laurent, adjoint à l'intendance militaire, qui ont signé en présence du maire de Philippeville, chevalier de la légion d'honneur, officier de l'état civil, M. Wallete.

Philippeville, le 2 novembre 1868.

Rapport de l'agent consulaire du Roi d'Italie, au chevalier de Verdinois, consul général de Sa Majesté le roi d'Italie, exposant la conduite de M. d'Amade, sous-intendant militaire de 2ᵉ classe à Philippeville, pendant les épidémies de 1867 et 1868, et demandant pour lui la décoration de l'ordre Royal des SS. Maurice et Lazare.

Rapport approuvé et appostillé par M. le général Périgot, commandant la province et la division de Constantine, à la date du 15 mars 1869.

Philippeville, le 22 décembre 1868.

Lettre de l'agent consulaire du Roi d'Italie, faisant part de la suite donnée à son rapport sur M. d'Amade, le courrier du 12 décembre est chargé de le porter à Florence. Rien ne s'oppose donc à ce qu'il soit appuyé en haut lieu si l'occasion s'en présente.

Philippeville, le 29 décembre 1868.

M. Chirac, agent-consulaire du roi d'Italie à Philippeville, envoie à M. d'Amade, sous-intendant militaire à Philippeville, la copie du rapport adressé en sa faveur, pour qu'il en soit fait les deux expéditions qui seront nécessaires et que certifiera M. l'agent consulaire en y opposant le sceau national.

Philippeville, le 28 février 1869.

Lettre de M. Castel-Dugemets, notable de Philippeville, faisant pressentir à M. d'Amade, les bonnes dispositions de M. le consul d'Espagne Albi, en sa faveur. Il envoie à M. d'Amade à l'appui de ses assurances, la lettre de M. Albi, exposant le programme qu'il s'est tracé pour faire réussir sa proposition en faveur de ce fonctionnaire.

Florence, le 6 mars 1869. — Oran, le 30 novembre 1869.

Copie et traduction, conforme à l'original du décret rendu le 28 février 1869, à Florence, par Sa Majesté Victor Emmanuel II, roi d'Italie, grand maître de l'ordre de la couronne d'Italie, et nommant Adolphe d'Amade, intendant militaire du Gouvernement Français, à Philippeville, chevalier de la couronne d'Italie. — Signé : *Victor Emmanuel.* — Contre signé : *Menabrea.* — Vu : *Cibrario*, inscrit à la Chancellerie de l'ordre, sur le rôle des étrangers, au n° 79, par le ministre d'état chancelier de l'ordre : *Cibrario*. Le chef du personnel : *Jeannini*.
Copie certifiée conforme par le consul d'Italie à Oran. — Signée : *Giuliani*.

Constantine, le 7 mars 1869.

L'intendant militaire de la division de Constantine, prévient M. d'Amade, sous-intendant militaire de 2ᵉ classe, à Philippeville, qu'il l'a désigné pour être employé à Constantine (3ᵉ sous-intendance).

Signé : B. de la Moissonnière.

Florence, le 8 mars 1869.

Le ministre des affaires étrangères d'Italie, prévient M. d'Amade, que, sur la proposition qu'il lui a faite, Sa Majesté, son auguste souverain, a daigné lui conférer la décoration de Chevalier de son ordre de la couronne d'Italie.

Il lui envoie en même temps le brevet et les insignes de ladite décoration. — Signé : Ménabréa.

Philippeville, le 9 mars 1869.

Rapport complet de M. Albi, en faveur de M. d'Amade, appostillé par M. le général Périgot, commandant la province de Constantine.

Bastia, le 9 août 1871.

Lettre de M. le général de division Périgot, se déclarant prêt à certifier la manière dont M. l'intendant militaire de la Moissonnière avait apprécié les services de M. d'Amade, pendant les épidémies qui ont désolé la division de Constantine en 1867 et 1868. — Signé : Périgot.

Philippeville, le 26 mars 1869.

Lettre de l'agent consulaire du Roi d'Italie, annonçant à M. d'Amade, qu'il est nommé chevalier de la couronne d'Italie. Il déclare qu'il ne sait pourquoi la croix des SS. Maurice et Lazare, qui avait été demandée, n'a pas été accordée à M. d'Amade. Il le félicite toutefois sur le résultat obtenu, car il lui paraît supérieur à celui qu'il espérait, l'ordre de la couronne d'Italie ayant depuis sa création plus de vogue que l'ordre des SS. Maurice et Lazare.

Paris, le 7 avril 1869.

Le Maréchal de France, ministre secrétaire d'Etat de la guerre, informe M. d'Amade, sous-intendant militaire de 2° classe à Philippeville, qu'il est désigné pour remplir les fonctions de son grade dans la division d'Oran, sous les ordres de M. l'intendant militaire de cette division.

Pour le ministre et par son ordre, l'intendant militaire, directeur de l'administration militaire. — Signé : A Blondeau.

Oran, le 20 avril 1869.

L'intendant militaire de la division d'Oran, informe M. d'Amade (Adolphe), sous intendant militaire de 2° classe, que par décision de ce jour, il est désigné pour la direction de la 2° sous-intendance militaire, de la place d'Oran. — Signé : Baron Lagé.

Montpellier, 2 novembre 1869.

M. Bérail, conseiller à la cour d'appel de Montpellier, annonce à M. d'Amade, sous-intendant militaire à Oran, son beau-frère, la mort de Madelaine Bérail, sa fille, morte après deux mois de souffrance d'une maladie d'entrailles.

Alger, le 24 novembre 1869.

Le consul général d'Italie à Alger, a chargé M. Bertolini de remettre à M. d'Amade, le nouveau diplôme qui lui est parvenu du ministère de affaire étrangères, en remplacement du premier sur lequel le prénom était érroné, il donne avis de cette disposition à M. d'Amade.
Pour le consul général. Le vice-consul. — Signé : Vito-Positano

Oran, le 3 décembre 1869.

Lettre de M. d'Amade, sous-intendant militaire de 2e classe, à M. l'intendant militaire de la division d'Oran, à l'effet d'être autorisé à accepter et à porter la décoration de la Couronne d'Italie. Envoi des pièces et preuves prescrites par le décret du 10 juin 1853, et par les circulaires ou instructions du 25 juin 1853 et 17 octobre 1853.

Oran, le 9 janvier 1870.

L'intendant militaire de la division d'Oran informe

M. d'Amade (Adolphe), sous-intendant militaire de 2ᵉ classe à Oran, que par décision de ce jour il l'a désigné pour la sous-intendance militaire de Sidi-Bel-Abbès. — Signé : Largillier.

Rome, le 26 janvier 1870.

Monseigneur Callot, évêque d'Oran, charge M. l'abbé Marchand, vicaire général, de prévenir M. d'Amade, sous-intendant militaire à Oran, qu'à Rome, Sa Grandeur s'est mise en communication avec Monseigneur Boscredon, que le Cardinal Antonnelli, s'est montré très favorable, mais qu'il est paralysé par la recommandation du ministre de la guerre français, de n'accorder des décorations qu'à ceux qu'il recommanderait lui-même, il témoigne à M. d'Amade, son désir de voir récompenser ses services pendant son séjour à Rome. — Signé : Marchand.

Monseigneur exprime lui-même en quelques lignes le regret d'être paralysé dans ses démarches en réhabilitation des droits de M. d'Amade, Sa Grandeur fait des vœux sincères pour lui et les siens. — Signé : T. J. R. Irénée, Evêque d'Oran.

Quartier général à Alger, le 26 mars 1870.

Le colonel aide de camp du gouverneur général répond à la lettre de M. d'Amade, du 4 mars, que malgré le désir par lui exprimé, tendant à ce que des pièces justificatives de ses services à Rome fussent mises sous les yeux du maréchal de Mac-Mahon, pour obtenir son appui dans leur transmission par la voie hiérarchique, d'après ce qu'il sait des idées du maréchal, il pense qu'il est préférable d'adresser directement ce dossier au chef du cabinet du ministre de la guerre, avec un mot pressant à l'appui.

Il certifie qu'il fera en faveur de M. d'Amade, tout ce qui dépendra de lui pour lui être agréable comme un vieux camarade. — Signé : Abzac.

Paris, le 14 mars 1871.

Le grand chancelier de la légion d'honneur, prévient M. d'Amade (Adolphe), sous-intendant militaire de 2ᵉ classe, que par décret du 11 mars 1870, Sa Majesté l'Empereur, lui a accordé l'autorisation d'accepter et de porter la décoration de chevalier de l'ordre de la couronne d'Italie, que lui a conférée le Roi d'Italie. — Signé : *Flahaut.*

Vu : Le sous-secrétaire général. — Signé : *de Vaudrimey.*

Enregistré sous le n. 20,150, par le chef de la division administrative. — Signé : Palezy.

Quartier général d'Alger le mars 1870.

Le Colonel d'Abzac, aide de camp du gouverneur général, maréchal de Mac-Mahon, envoie à M. d'Amade, la réponse du chef du cabinet du ministre, le colonel d'Ornant, à la démarche tentée auprès de lui pour solliciter une démarche a l'effet de faire aboutir la proposition de décoration, faite à Rome en 1852, en faveur de M. d'Amade.

Le colonel d'Ornant répond en substance que pour les décorations étrangères, le ministre n'admet que les dossiers qui lui sont transmis par l'intermédiaire des ministres des affaires étrangères. Il ne peut donc, en dehors de cette voie, tenter aucune démarche, malgré son désir d'être agréable à d'Amade, auquel il prie le colonel d'Abzac d'exprimer tous ses regrets. En les transmettant à M. d'Amade, ce dernier y ajoute les siens. — Signé : d'Abzac.

Paris, le 23 avril 1870.

Délégation du grand chancelier de la légion d'honneur, adressée à M. A. d'Amade, sous-intendant militaire à Sidi-bel-Abbès, membre de la légion d'honneur, à l'effet de recevoir chevalier dans l'ordre M. Boy, récemment promu.

Pour le grand chancelier, le secrétaire général. — Signé : de Vaudrimey.

Montauban, le 12 octobre 1870.

Madame Louise Bourjade, née Patron, nièce et belle-sœur de Madame veuve Bourjade, née d'Amade, communique à M. d'Amade (Adolphe), la mort de son oncle et mari, Jean-Pierre-Catherine-Eulalie Bourjade, général de brigade de l'armée de réserve, commandeur de la légion d'honneur, ancien député et ancien secrétaire général du ministère de la guerre, survenue le 12 octobre à Montauban, dans sa 76e année. Le général Bourjade était pour M. d'Amade (Adolphe) un bienfaiteur, et ses conseils paternels lui ont été d'un grand secours, ainsi que sa bienveillante sollicitude.

Tours, le 17 novembre 1870.

Le ministre de la guerre accuse réception à M. d'Amade de sa demande de changement de corps pour passer dans les troupes à pied, et répond que les précédents et les besoins de l'administration ne lui permettent pas d'accéder à cette demande.

Pour le ministre et par son ordre.

Signé : De Panafieu.

Oran, le 1er Décembre 1870.

L'intendant militaire de la division d'Oran informe M. d'Amade, sous-intendant militaire de 2e classe à Sidi-bel-Abbés, que par ordre télégraphique le ministre lui prescrit de profiter du premier bateau et de se rendre à Tours. Il est invité à se tenir prêt, et à remettre son service au commandant de la place. Il devra s'embarquer au plus tard sur le courrier partant d'Oran le 7 décembre prochain.

L'intendant millitaire. — Signé : Largillier.

Bordeaux, le 17 décembre 1870.

Le ministre de l'intérieur et de la guerre informe M. d'Amade, intendant de 2ᵉ classe, disponible à Bordeaux, que, par décision de ce jour, il a été désigné pour être employé à Toulouse, en remplacement de M. Vidal de Verneix, appelé à faire fonction d'intendant de la 17ᵉ division. Il se rendra sans délais à son nouveau poste, et la présente lettre lui servira de titre dans l'exercice de ses fonctions.

Pour le ministre et par son ordre,
Le directeur, — Signé: Alfred Férot.

— Guerre —

Dépêche officielle: Bordeaux, 26 janvier 1871.

Prescrivez à M. d'Amade, intendant de 2ᵉ classe à Toulouse, de se tenir prêt à partir au premier ordre pour le 26ᵉ corps en formation à Poitiers. — Signé: Panafieu.

DÉPÊCHE OFFICIELLE. — Guerre à l'Intendant divisionnaire.
Bordeaux, 28 janvier 1871.

M. d'Amade est mis à la disposition de l'intendant en chef du 26ᵉ corps en formation à Poitiers. — Prescrivez lui de rejoindre immédiatement. — Signé: Panafieu.

Bordeaux, 1ᵉʳ février 1871.

Le ministre de l'intérieur et de la guerre informe

M. d'Amade, intendant militaire de 2ᵉ classe, que par décret du 30 janvier 1871 il a été promu au grade d'intendant de 1ʳᵉ classe.

Pour le ministre et par son ordre,

Le directeur de l'administration militaire, — Signé : Alfred Férot.

Bordeaux, le 1ᵉʳ février 1871.

Le ministre de l'intérieur et de le guerre informe M. d'Amade, intendant militaire de 1ʳᵉ classe, que par décision de ce jour, il a été désigné pour être employé sous les ordres de M. l'intendant en chef du 26ᵉ corps d'armée en formation à Poitiers.

M. d'Amade, rejoindra immédiatement son nouveau poste; cette lettre lui servira de titre dans l'exercice de ses fonctions.

Pour le ministre et par son ordre,

Le sous-directeur de l'administration militaire. — Signé : Panafieu.

Versailles, 26 mars 1861. — Argenton, 27 mars 1871.

Télégramme du ministre de la guerre à M. Millou, intendant militaire du 26ᵉ corps à Argenton, lui prescrivant de se rendre à Lunéville, et de remettre son service au plus ancien sous-intendant.

Notification de la présente dépêche à M. d'Amade, à qui je remettrai la direction des services administratifs du 26ᵉ corps à compter du 28 courant.

L'intendant en chef du 26ᵉ corps d'armée. — Signé : Millou.

Versailles, le 19 mai 1871.

Le Ministre de la guerre informe M. d'Amade, sous-intendant militaire de 1ʳᵉ classe, disponible à Montauban, qu'il est désigné pour être employé à Bastia. Il se rendra sur le champ à sa nouvelle destination.
L'intendant général directeur, — Signé : Blondeau.

Bastia, le 2 septembre 1871.

Le général commandant la 17ᵉ division militaire prévient M. d'Amade, sous-intendant militaire de 1ʳᵉ classe, qu'il est disposé à renouveler en sa faveur le mémoire de proposition pour la croix d'officier de la légion d'honneur. Il recommande de mettre à l'appui tous les renseignements de nature à obtenir du ministre qu'il soit donné une suite sérieuse à cette proposition. — Signé : Liebert.

Paris, le 21 octobre 1871.

Le général de division Périgot fait connaître à M. d'Amade, sous-intendant militaire de 1ʳᵉ classe à Bastia, que sa nommination au grade d'officier de la légion d'honneur est en bonne voie; il le prévient que son nom figure sur la liste générale présentée par le ministre de la guerre au président de la République, et qu'il y a tout lieu d'espérer qu'il sera bientôt atteint. Le général déclare qu'il a tout fait pour hâter sa nomination, dont il sera heureux de le féliciter. — Signé : Général Périgot.

Madrid, le 22 octobre 1871.

Traduction de la lettre du ministre d'État d'Espagne annonçant à M. d'Amade, Adolphe, que Sa Majesté le Roi, son auguste souverain, a daigné, par décret de ce jour, le nommer commandeur ordinaire de l'*Ordre Royal d'Isabelle la Catholique*.

Château d'Allens, le 23 octobre 1871.

M. le baron Henri d'Allens communique à son beau-frère, Adolphe d'Amade, la naissance de sa fille Paule-Adolphine-Marie, dont il a accepté d'être le parrain, Madame de Soulage devant être marraine, déléguée par sa fille, sœur de Madame Victorine d'Allens, M. George d'Allens sera parrain, délégué par M. d'Amade, Adolphe, sous-intendant militaire de 1re classe à Bastia.

Oran, 12 novembre 1871.

Le Consul d'Espagne à Oran, M. A. de Burgos, prévient M. d'Amade qu'ayant eu occasion d'aller à Madrid, il s'était occupé de sa proposition, et qu'il avait réussi à le faire nommer commandeur de l'ordre d'Isabelle la Catholique. Il joint à cet avis la lettre de nomination dont la traduction a déjà été mentionné sous la date du 22 octobre 1871.

Signé : A. de Burgos.

Bastia, le 23 novembre 1871.

M. le général de division Périgot félicite M. d'Amade de la distinction que le gouvernement espagnol lui a conférée, affirmant qu'il a été heureux d'appuyer ses droits à cette récompense pendant son commandement de la division de Constantine. — Signé : Périgot.

Marseille, le 29 décembre 1871.

Le consul d'Espagne certifie fidèle la traduction du titre de commandeur de l'*Ordre Espagnol d'Isabelle la Catholique*, en faveur de M. Adolphe d'Amade. Ce titre est signé par le roi Amédée, contresigné par le ministre sous-secrétaire de l'Ordre Royal, par les membres du conseil de l'Ordre et par le maître des cérémonies, receveur de l'Ordre. — Signé : Subira.

Bastia, le 3 janvier 1872.

M. d'Amade sollicite auprès du grand chancelier de la Légion d'honneur, l'autorisation d'accepter et de porter la décoration de commandeur d'Isabelle la Catholique d'Espagne ; il fournit les justifications prescrites par le décret du 10 juin 1853, ou les instructions ministérielles du 23 juin, et du 17 octobre de la même année.

Philippeville, le 31 janvier 1872.

Lettre du consul d'Espagne à Philippeville témoignant à M. d'Amade sa satisfaction sur la suite qui a été donnée au rapport que son devoir lui avait dicté, après les services et le dévouement dont M. d'Amade avait fait preuve à l'égard des nationaux espagnols malades à l'hôpital militaire ou aux ambulances de Philippeville. — Signé : P. Albi.

Paris, le 20 février 1872.

Le grand chancelier de la Légion d'honneur certifie que, par décret du 19 février 1872, M. d'Amade (Adolphe), sous-intendant militaire de 1re classe, a obtenu l'autorisation d'accepter et de porter la décoration de commandeur de l'ordre d'Isabelle la Catholique qui lui a été conférée par le Roi d'Espagne. — Signé : Vinoy. Enregistré sous le n° 211, par le chef de division. — Signé : Renaux.

Le secrétaire général. — Signé : de Vaudrimey.

Y annexé le titre parchemin en langue espagnole, signé par le Roi et les membres du conseil de l'ordre.

Bastia, le 6 mars 1872.

Le général commandant la 17e division militaire transmet à M. l'intendant militaire de la 17e division militaire, M. Santini, le titre portant autorisation pour M. d'Amade, sous-intendant militaire de 1re classe, d'accepter et de porter la décoration de commandeur d'Isabelle la Catholique d'Espagne. Le brevet original, visé et enregistré, est à l'appui dudit titre. — Signé : Liébert.

Réalmont, le 12 mai 1872.

M. le comte Gustave de Peytes de Montcabrié, frère de Madame de Ricaumont, et oncle paternel de Madame Adolphe d'Amade, née de Ricaumont, communique à M. Adolphe d'Amade le mariage de son fils Albert, qui aura lieu le 20 mai, avec Mademoiselle de Belloc-Chambórant, de Béziers, sa cousine; par la même lettre il annonce la naissance de sa petite fille Yvonne-Oquetty; sa fille Valentine, à peine remise, ne pourra assister au mariage d'Albert, son frère. Il le prie de faire part de ces événements de famille à son petit neveu Albert d'Amade.

Hasparens, le 26 juin 1872.

Joseph Bourjade communique à son oncle, Adolphe d'Amade, la naissance de sa fille, Marie-Louise, née le 21 juin, à 4 heures du matin, et baptisée le même jour; détails sur cet événement et sur les divers membres de la famille de Montauban.

Château de Pontus (Libourne), 27 août 1872.

M. Léo de Ricaumont communique à son beau-frère, Adolphe d'Amade, la mort de son fils René, emporté par une angine couenneuse; il le prie de communiquer cette triste nouvelle à Madame d'Amade et à Albert d'Amade, son neveu et filleul.

Toulouse, le 10 janvier 1873.

M. Auguste de Naurois, oncle de M. et Mme d'Amade, Adolphe, leur annonce le décès de son frère, Hippolyte de Naurois, père de Gérard et d'Angèle de Naurois; détails sur cette mort, survenue à Toulouse, hôtel de Marsac, le 26 décembre 1873. Le défunt était entouré de sa famille, son frère aîné Paulin de Naurois, sa sœur Madame de Rivals et M. Auguste de Naurois. Cette mort, des plus édifiantes, est décrite dans les termes les plus cordiaux par M. Auguste de Naurois.

Bastia, le 31 janvier 1873.

Le commandant Harel, chef d'état major de la 17e division, au nom du général de division, communique à M. d'Amade la dépêche du ministre de la guerre qui l'autorise à faire imprimer et publier son recueil sur la *Légion d'honneur* et les ordres honorifiques en l'invitant à se conformer aux instructions contenues dans ladite dépêche. — Signé : Harel.

Bordeaux, le 3 mars 1873.

La Société biographique, dans sa séance du 1er mars, a décerné à M. d'Amade, Adolphe, sous-intendant militaire de 1re classe à Bastia, le titre de membre d'honneur, ont signé : Le président, J. Chapelot, — Le vice-Président, Ch. Bitaly, — Le secrétaire général, Aucour.

Montauban, le 10 mars 1873.

Gaston Bourjade, sous-lieutenant au 21ᵉ bataillon de Chasseurs à pied, annonce à son oncle M. d'Amade, sous-intendant militaire de 1ʳᵉ classe à Alger, la mort de Madame Stéphane d'Amade, née Pauline de Moriés, mort survenue le 9 mars, à huit heures du soir. La cérémonie funèbre aura lieu, suivant le désir de la défunte, 48 heures après, à la cathédrale de Montauban, et l'inhumation dans le cimetière de Saint-Etienne-de-Tulmont, le 11 mars, à 11 heures.

Paris, 14 mars 1873.

Le ministre de la guerre informe M. le général commandant la 17ᵉ division militaire que, sur sa proposition, M. d'Amade sous-intendant militaire de 1ʳᵉ classe à Bastia, est autorisé à profiter d'une permission de 20 jours pour en jouir à Rome ; des instructions sont demandées à M. le ministre des affaires étrangères pour que M. d'Amade reçoive au besoin aide et protection dans le pays où il se rend. Pour le ministre, le directeur général du personnel. — Signé : Renson.

Copie de la lettre notifiée par le chef d'état major de la 17ᵉ division. — Signé : Harel.

Paris, 14 mars 1873.

Le ministre de la guerre accorde à M. d'Amade (Adolphe), sous-intendant militaire de 1ʳᵉ classe à

Bastia, une permission de 20 jours, pour en jouir à Rome, à son retour à son poste, M. d'Amade sera rappelé de la solde de présence.

Pour le ministre et par son ordre, le directeur général du personnel. — Signé : Rendon.

Bastia, le 14 mars 1873.

Monseigneur l'évêque d'Ajaccio fait parvenir à M. d'Amade, sous-intendant militaire, avant son départ pour Rome, une lettre d'introduction au Vatican destinée à aplanir les difficultés ; Sa Grandeur demande à M. et Madame d'Amade un souvenir en sa faveur aux pieds du Saint-père et à la confession des SS. apôtres Pierre et Paul. — Signé : Gracie, Evêque d'Ajaccio.

Rome, le 21 avril 1873.

Le R. P. F. Régis, procureur général de l'ordre de Citeaux, réforme de la Trappe, témoigne à M. d'Amade ses regrets de le voir partir de Rome sans avoir pu voir le Saint-Pére, la santé de Sa Sainteté ne lui permettant pas de recevoir.

Il lui fait entrevoir que les difficultés pour la décoration paraissent s'aplanir. Il promet son entier concours, ou au moins sa bonne volonté. Il annonce qu'il répond à ses amis qui lui ont écrit sur M. d'Amade et sur sa famille. — Signé : F. Régis.

Rome, le 8 mai 1873.

Mgr l'abbé Boscredon, Camérier de Sa Sainteté Pie IX,

fait parvenir à M. d'Amade, sous-intendant militaire à Bastia, la photographie de Madame et Mademoiselle d'Amade par Alessandri.

Monseigneur d'Oran a envoyé à Mgr. Profili sa lettre en faveur de M. d'Amade. Le bon vouloir de M. l'abbé Lenzy aidant, il espère arriver à un bon résultat.

Il remercie M. d'Amade de sa visite à Rome; il lui témoigne le plaisir qu'il a eu de faire plus ample connaissance avec lui et d'avoir pu relier les liens de parenté qui les unissent. — Signé : Boscredon.

Du 2 juillet 1873.

M. Laporte, greffier de la justice de paix de La Française (Tarn-et-Garonne), communique, à M. d'Amade, de la part de M. Poteins, juge de paix, son cousin, le décès de Madame Coralie Poteins, fille de Anne-Josèphe-Pétronille d'Amade et de M. Galibert, épouse Poteins, décédée subitement le 2 juillet 1873, et qui sera inhumée demain, à dix heures du matin.

Lorient, le 4 août 1873.

M. Moulun, proviseur du lycée de Lorient, écrit à M. le préfet maritime pour lui exposer le résultat de l'examen d'Albert d'Amade, pour l'école navale, en déclarant que cet élève méritait le succès. — Signé : Moulun.

Lorient, le 29 août 1873.

M. Moulun, proviseur du lycée de Lorient, prévient

M. d'Amade, sous-intendant militaire à Alger, que les chances d'Albert, pour l'admission à l'école navale, ne sont pas sans espoir, il communique le résultat des examens. M. Fauré, examinateur, fait figurer le nom de d'Amade parmi ceux devant être admis ; ses examens auraient dû être meilleurs ; dans l'esprit de tout le monde, il avait des chances certaines de succès. Il s'est malheureusement troublé au début, ce qui l'a découragé. C'est donc beaucoup, malgré cela, d'être classé parmi ceux qui peuvent arriver sur une liste de 40 ou 50 ; il espère que son travail sera récompensé. — Signé : Moulun.

Versailles, le 8 août 1873.

Le ministre de la guerre informe M. d'Amade, sous-intendant militaire de 1er classe, employé à Bastia, que par décision du 3 août courant, il est désigné pour remplir les fonctions de son grade à Alger, sous les ordres de M. l'intendant militaire de cette division.

Il devra rejoindre son poste dès l'arrivée de son successeur.

Cette lettre lui servira de titre dans l'exercice de ses fonctions.

Pour le ministre et par son ordre.

Le directeur général du personnel. — Signé : Renson.

Versailles, 22 août 1873.

Le ministre de la guerre accorde à M. d'Amade, sous-intendant militaire, récemment nommé au poste d'Alger, et encore à Bastia, un congé de 30 jours pour affaires de famille, pour en jouir à Montauban (Tarn-et-Garonne), à l'expiration dudit congé ce fonctionnaire sera rappelé de la solde de présence, dès son arrivée à son nouveau poste.

Pour le ministre et par son ordre.

Le directeur général du personnel. — Signé : Renson.

Alger, le 13 août 1873.

L'intendant militaire de la division d'Alger prévient M. d'Amade, sous-intendant militaire de 1re classe à Bastia, que le dernier courrier lui a appris sa désignation pour la province d'Alger Il témoigne sa satisfaction de l'arrivée de M. d'Amade, et l'invite pour beaucoup de raisons à se rendre le plus tôt possible à son nouveau poste. — Signé : Lévy.

Paris, le 3 septembre 1873.

Le ministre de Portugal, à la légation de France, accuse réception à M. d'Amade de sa lettre du 10 septembre, et le remercie de l'exemplaire de son ouvrage sur les Ordres de chevalerie. Il fera parvenir à Sa Majesté le Roi de Portugal, par l'entremise de son ministre des affaires étrangères, la demande de M. d'Amade, tendant à faire hommage de son recueil à Sa Majesté. — Signé : Comte de Seisal.

Ajaccio, le 5 septembre 1873.

Le général Berger, commandant la subdivision d'Ajaccio, félicite M. d'Amade, sous-intendant militaire de 1re classe, de sa désignation pour Alger. Il le félicite d'autant plus cordialement, qu'il a appris que c'était son ami, le général Chanzy, qui avait désiré rapprocher M. d'Amade de lui ; il le charge de le rappeler au souvenir du général Chanzy. — Signé : Général Berger.

Bastia, 11 septembre 1873.

L'intendant de la 17e division militaire informe M. d'Amade, sous-intendant militaire de 1re classe à Bastia, que par décision ministérielle du 3 août dernier il est désigné pour remplir les fonctions de son grade à Alger.

M. Bartel, sous-intendant de 1re classe, étant arrivé ce matin à Bastia, pour prendre le service de M. d'Amade, d'après les ordres du ministre, M. d'Amade devra s'embarquer par le courrier du 18 du courant ; ci-joint sa lettre de service. — Signé : Santini.

Paris, le 13 septembre 1873.

Le ministre des Pays-Bas accuse à M. d'Amade, sous-intendant militaire de 1re classe à Alger, réception de sa lettre et l'informe que pour obtenir l'autorisation d'offrir à S. M. le Roi des Pays-Bas un exemplaire de son travail sur la Légion d'honneur, il doit s'adresser au ministre de France à La Haye. Il lui conseille donc d'écrire, à cet effet, à M. Target, ministre plénipotentiaire de France à la cour des Pays-Bas. Il le remercie du volume à lui destiné. — Signé : Baron de Luzlen de Kieude.

Moncel, le 15 semptembre 1873.

Le général d'Aubigny fait parvenir à M. d'Amade, sous-intendant militaire à Alger, la lettre qu'il reçoit du ministère de la marine, signée : Hennequin, disant en substance que le jeune d'Amade, candidat pour l'école navale, n'a été classé que le 57e; le nombre des candidats à admettre n'étant que de 40, d'Amade, ne sera donc pas appelé à l'école; il témoigne ses regrets de n'avoir pas une meilleure nouvelle à lui annoncer. — Signé : d'Aubigny.

Paris, le 15 septembre 1873.

Le prince Orloff, ambassadeur de S. M. impériale de Russie, en réponse à la lettre de M. d'Amade, l'informe que l'envoi du volume destiné à S. M. l'Empereur n'est pas de la compétence de l'ambassade, mais que, désireux d'être agréable à M. d'Amade, dans la mesure du possible, Son Excellence se chargera de faire parvenir cet exemplaire à M. le chancelier des ordres impériaux à Saint-Pétersbourg.

Bastia, le 16 septembre 1873.

Le ministre de l'instruction publique accuse réception à M. d'Amade, sous-intendant militaire à Alger, de sa demande tendant à obtenir une souscription à l'ouvrage intitulé : *Légion d'honneur*.

Il sera donné avis ultérieurement à M. d'Amade de

la décision qui sera prise après l'avis du comité consultatif des souscriptions scientifiques et littéraires.

Pour le ministre et par autorisation. Le chef du bureau des souscriptions. — Signé : A. de Walledre.

Paris, 20 septembre 1873.

Le secrétaire perpétuel de l'Académie des sciences morales et politiques à l'Institut de France, accuse réception à M. d'Amade et le remercie au nom de la dite Académie de l'ouvrage intitulé : *Légion d'honneur*. Il annonce à M. d'Amade que cet ouvrage est déposé à la bibliothèque de l'Institut — Signé : Geraud.

Paris, le 21 septembre 1873.

Le chargé d'affaires de l'ambassade impériale Ottomane accuse réception à M. d'Amade, sous-intendant militaire à Alger, de sa lettre et de l'exemplaire de l'ouvrage intitulé : *Légion d'honneur*, et destiné aux archives de l'ambassade. Remerciements pour cet envoi. L'ambassade se chargera de transmettre à S. M. Impériale le sultan le volume dont M. d'Amade désire lui faire hommage. — Signé : Férédoms.

Paris, le 27 septembre 1873.

Le général d'Abzac, aide de camp du président de la République, annonce à M. d'Amade que s'il n'a pas répondu déjà pour l'examen de son fils Albert, candidat à l'école navale, il n'a cessé d'agir, malheureusement il joint à sa lettre, une lettre émanant du ministre de la marine qui déclare que le jeune d'Amade ne figure pas parmi les admis. — Signé : d'Abzac.

Lycée de Lorient, 1er octobre 1873.

M. l'Aumonier, tout en s'associant au chagrin d'Albert d'Amade, quant à son insuccès pour l'école navale, explique et justifie cet insuccès. Le malheur vient de ce que, par suite des circonstances présentes, la marine n'ouvre ses portes qu'à un petit nombre d'élus. Albert est classé le 57e. C'est un excellent numéro dans les années ordinaires. Un des neveux de l'aumonier est rentré au Borda avec le n° 102. A cette époque, 57 représentait un brillant examen. Lorient, sur 40 candidats admis, n'en fait entrer aujourd'hui que 5, et cependant aucun établissement n'a un pareil succès, comparaison faite avec les résultats de la rue des Postes. La décision du ministre de n'admettre que 40 candidats, est la seule cause de l'insuccès d'Albert. Il cite les cas de l'élève Caron et du jeune Barbia, classés avec éloge des professeurs l'un n° 83 et l'autre n° 51 et qui n'ont pas pu entrer à l'école. Compliments et affectueux sentiments de ce respectable prêtre. — Signé : Perrin.

Alger, le 20 octobre 1873.

L'intendant de la division d'Alger prévient M. d'Amade, sous-intendant militaire de 1re classe, récemment débarqué à Alger, qu'il l'a désigné pour prendre la direction des services administratifs de la 1re sous-intendance militaire d'Alger en remplacement de M. le sous-intendant militaire Viroux. Cette mutation datera du 21 octobre ; des ordres sont donnés pour que M. d'Amade soit reconnu dans l'emploi qui lui est conféré. — Signé : B. Lévy.

Paris, le 4 novembre 1873.

Le chargé d'affaires d'Italie, en l'absence du ministre, accuse à M. d'Amade réception de sa lettre et de son ouvrage sur les Ordres de Chevalerie. Cet exemplaire sera remis à M. le chevalier Nigra dès son retour à Paris. Remerciements en son nom.

En ce qui concerne l'hommage de ce volume à transmettre à S. M. le roi d'Italie, la légation n'est pas autorisée à se rendre l'interprète de pareilles demandes. Il y aura lieu de s'adresser directement à M. le commandeur Aghemo, chef du cabinet particulier du roi à Rome. — Signé : Bessman.

Paris, le 4 novembre 1873.

Le ministre du Brésil accuse réception à M. d'Amade de sa lettre et de l'exemplaire du volume intitulé : *Légion d'honneur*. Quant à l'hommage que M. d'Amade désire faire à S. M. l'empereur du Brésil d'un exemplaire de cet ouvrage, les instructions de la légation ne permettant pas d'en transmettre la demande. Elle doit être faite directement ou par l'intermédiaire de la légation de France à Rio-de-Janeiro. — Signé : vicomte d'Itayuba.

Bruxelles, le 6 novembre 1873.

Le ministre de France en Belgique accuse réception à M. d'Amade, sous-intendant militaire de 1re classe à Alger, de sa lettre et de sa demande tendant à présenter à S. M. le Roi l'ouvrage sur les Ordres de Chevalerie dont il est l'auteur. Cette demande a été transmise à M. le ministre des affaires étrangères. La réponse sera communiquée à M. d'Amade dès qu'elle sera parvenue. — Signé : Baron Baude.

Versailles, 7 novembre 1873.

Le ministre de France à la légation des Pays-Bas accuse réception à M. d'Amade, sous-intendant militaire de 1re classe à Alger, de sa lettre adressée le 15 octobre à La Haye et de l'exemplaire sur la *Légion d'honneur*. Il affirme être à la disposition de M. d'Amade pour remettre à S. M. le Roi des Pays-Bas l'exemplaire qui lui est destiné. Il ose espérer que Sa Majesté daignera faire un bon accueil à cet hommage. — Signé : Target.

Paris, le 8 novembre 1873.

M. Laurentie, directeur du journal *l'Union*, accuse réception à M. d'Amade de l'ouvrage intitulé : *Légion d'honneur*, etc., le remercie de cet envoi et l'engage à l'offrir en hommage à M. le comte de Chambord; il ne doute pas qu'il ne soit favorablement accueilli. — Signé : Laurentie.

Rome, le 2 décembre 1873.

Le commandant Aghemo, chef du cabinet particulier de S. M. le roi d'Italie, prévient M. d'Amade, sous-intendant militaire de 1re classe à Alger, que Sa Majesté a daigné adhérer à sa demande tendant à faire hommage à S. M. le roi d'Italie d'un exemplaire de son ouvrage sur les ordres de chevalerie. Il demande l'envoi dudit volume et remercie M. d'Amade de l'exemplaire à lui destiné. — Signé : Aghemo.

Bruxelles, le 5 décembre 1873.

Le ministre de France en Belgique prévient M. d'Amade, sous-intendant militaire de 1re classe à Alger, que S. M. le Roi a daigné agréer l'hommage de son livre sur les ordres de chevalerie. Aussitôt que le volume lui sera parvenu, il le transmettra à sa haute destination. — Signé : Baude.

Rome, le 25 décembre 1873.

Le procureur général de l'ordre des Trappistes (Mgr Fr. Régis) accuse réception à M. d'Amade de son livre sur la Légion d'honneur, destiné à S. Em. le cardinal Antonelli, secrétaire d'Etat de Sa Sainteté Pie IX. Il déclare qu'il a lui-même consigné ce volume. Recommandations pour Staouéli. — Signé : Fr. Régis.

Paris, le 26 décembre 1873.

M. Gaffiot, intendant militaire, chef du cabinet du conseiller d'Etat, directeur général du contrôle et de la comptabilité au ministère de la guerre, accuse réception et remercie M. d'Amade, sous-intendant militaire de 1re classe à Alger, de son envoi du volume intitulé : *Légion d'honneur*, etc. Compliments affectueux. — Signé : Gaffiot.

Froshdorf, le 26 décembre 1873.

M. le comte de Chambord a donné l'ordre à son secrétaire particulier, M. le comte de Sainte-Suzanne, de faire savoir à M. d'Amade, sous-intendant militaire à Alger, l'accueil fait à sa lettre d'hommage et au volume sur les ordres honorifiques qui l'accompagnait en lui adressant les remerciements de Monseigneur. Il témoigne ses félicitations pour un travail si consciencieux, si clair, et certifie que les sentiments de l'auteur ont été agréés comme ils méritaient de l'être.

Monseigneur conservera le souvenir de l'attachement et de la fidélité traditionnels que rappelle M. d'Amade, et sur lesquels il est impossible de se méprendre après une expression si franche et si énergique. — Signé : Comte de Sainte-Suzanne.

Rome, le 28 décembre 1873.

Le commandant Aghemo, chef du cabinet particulier de S. M. le roi d'Italie, prévient M. d'Amade que S. M.

a daigné faire un bienveillant accueil à l'offre gracieuse qu'il lui a faite d'un exemplaire de son travail sur les ordres de chevalerie. Il témoigne à M. d'Amade ses remerciements pour cette aimable pensée. — Signé : N. Aghemo.

Paris, le 15 janvier 1874.

Le colonel H. de Castex remercie M. d'Amade de son envoi du volume sur la Légion d'honneur et de sa lettre, il envoi mille compliments sur ce travail intéressant et bien conçu.

Il explique la nouvelle situation qui lui est faite en réparation de la répression inique dont il avait été l'objet. Témoigne son manque de confiance dans l'avenir, aussi se décide-t-il à prendre un pied-à-terre à Nice, où sa femme passera les hivers. Compliments affectueux. — Signé : H. Castex.

La Haye, le 16 janvier 1874.

Le ministre de France à La Haye transmet à M. d'Amade la dépêche ci-dessous de M. le ministre des affaires étrangères des Pays-Bas, en lui disant que M. le directeur du cabinet de S. M. l'avait chargé verbalement de lui transmettre les remerciements de Sa Majesté. — Signé : Target.

D'après les ordres du Roi, M. le ministre de France est prié de faire parvenir à M. d'Amade, sous-intendant militaire de 1re classe, les remerciements empressés de

Sa Majesté pour l'exemplaire de l'ouvrage intitulé : *Légion d'honneur et ordres étrangers*, qui lui a été offert par l'intermédiaire de la légation au mois de décembre dernier. — Signé : L. Czeinikt.

Limoges, le 16 janvier 1874.

M. le sous-intendant militaire Tournois accuse réception à M. d'Amade, son cousin, de son volume sur les ordres honorifiques ; il le remercie de cette communication, qu'il a lue avec intérêt. Compliments sur ce travail, qu'il dit témoigner d'une érudition de Bénédictin. Sa lecture est attrayante au point de vue de l'histoire ; ce traité fera autorité sur la question.

Détails fort intéressants sur la situation présente, sur les questions de l'intendance, sur la famille, sur M. l'intendant H. de Neuvier, qui fait grand cas du volume de la *Légion d'honneur*, dont il a pris connaissance. — Signé : Tournois.

Rome, le 19 janvier 1874.

Le vice-chancelier de l'ordre souverain de Saint-Jean de Jérusalem accuse réception à M. le commandeur A. d'Amade, sous-intendant militaire de 1re classe à Alger, de sa lettre du 8 du courant et de l'exemplaire du recueil sur les ordres honorifiques dont il est l'auteur. Il le remercie de la part de S. Ex. le lieutenant du Grand-Maître, qui vient d'ordonner le classement de ce volume dans la Bibliothèque de l'ordre. Exprime ses sentiments de reconnaissance et ses compliments les plus sincères. Il lui envoi le programme des conditions à remplir pour être nommé Chevalier de Saint-Jean de Jérusalem. — Signé : Commandeur Dece Bentivoglio.

Alger, le 11 février 1874.

Le général chef d'état-major général du gouvernement de l'Algérie adresse à M. d'Amade ses remerciements pour l'envoi de son livre sur la *Légion d'honneur*, le félicite de la conception de ce travail et le prévient que le général Chanzy acceptera avec plaisir l'exemplaire qui lui est destiné. — Signé : Vuillemot.

Alger, le 13 février 1874.

Le chef d'escadron d'état-major, aide de camp du gouverneur général de l'Algérie, sur l'ordre de M. le gouverneur général Chanzy, accuse réception à M. d'Amade de l'exemplaire intitulé : *Légion d'honneur*, adressé à M. le gouverneur général. Le volume sera lu avec intérêt. — Remerciements à l'adresse de l'auteur. — Signé : De Boisdeffre.

Toulouse, le 13 février 1874.

M. Ernest Raymond donne avis à M. d'Amade, sous-intendant militaire à Alger, que le volume offert par lui, intitulé : *Légion d'honneur*, à Son altesse royale Don Carlos, Charles VII d'Espagne, parviendrait à sa haute destination par la voie de l'amiral Vinalet, président de la justice militaire du prétendant. — Signé : E. Raymond.

Lisbonne, le 13 février 1874.

M. le vicomte de Saint-Guilhem, attaché à la légation française du Portugal, prévient M. d'Amade que la légation se chargera de présenter à Sa Majesté le Roi de Portugal l'hommage du volume sur la *Légion d'honneur* qu'il désire lui faire. Il le prie en conséquence de lui adresser ce volume en l'accompagnant d'une lettre pour le roi. — Témoigne sa satisfaction d'avoir pu prendre part à ce succès. — Signé : Vicomte de Saint-Guilhem.

Paris, le 20 février 1874.

M. le vicomte de Saint-Guilhem attaché à la légation de Portugal répond à M. d'Amade qu'un de ses aïeux a épousé en effet Mlle Marguerite d'Amade, qu'il connaissait les liens de parenté qui unissent leurs deux familles. Il demande cependant la filiation de la famille d'Amade. Il se déclare prêt à appuyer auprès du ministre de France à Lisbonne la demande tendant à faire présenter à Sa Majesté le roi un exemplaire de son travail sur les ordres honorifiques ; mais il ajoute qu'il est préférable à cet effet d'attendre qu'il soit de retour auprès de M. le comte Armand. — Signé : Vicomte de Saint-Guilhem.

Paris, le 27 février 1874.

Le ministre de l'instruction publique, des cultes et des beaux-arts prévient M. d'Amade, sous-intendant militaire à Alger, qu'il n'est pas possible d'accorder à son fils une bourse au lycée de Lorient, l'âge réglementaire maximum 17 ans étant dépassé, il le prie de croire à ses regrets.

Pour le ministre et par autorisation, le directeur de l'enseignement secondaire. — Signé : A. Monnier.

SOCIÉTÉ ARCHÉOLOGIQUE DU MIDI DE LA FRANCE.

Toulouse, le 14 mars 1874.

Le Président de la Société archéologique du midi de la France prévient M. d'Amade, sous-intendant militaire de première classe à Alger, que la Société a reçu par l'entremise de M. le docteur Armieux son ouvrage intitulé *Légion d'honneur*, etc. dont il a bien voulu faire hommage à ladite Société.

Il est chargé de lui exprimer toute la gratitude de la compagnie et de lui faire savoir que son livre occupe dans la bibliothèque de la Société la place honorable qu'il mérite. — Signé : L'abbé M. B. Carrière.

Rodez, le 17 mars 1874.

Le Président de la Société des lettres, sciences et arts de l'Aveyron informe M. d'Amade, sous-intendant de 1re classe à Alger, que dans sa séance du 15 mars 1874 sa société l'a admis au nombre de ses membres correspondants. Elle compte sur le zèle de M. d'Amade, sur un concours actif de sa part, et l'invite à adresser au secrétariat tous les renseignements nécessaires à l'établissement de son diplôme.

Pour le Président, le secrétaire de la Société. — Signé : Alibert, prêtre.

Paris, le 16 mars 1874 (Protocole).

Le ministre des affaires étrangères remercie M. d'Amade, sous-intendant militaire de 1re classe à Alger, de l'envoi qu'il a bien voulu lui faire d'un volume contenant les constitutions des ordres des chevalerie français et étrangers. Cet hommage sera placé dans la bibliothèque spéciale du ministre. Le ministre ne voit aucun inconvénient à ce que M. d'Amade sollicite l'autorisation d'offrir ce recueil aux grands maîtres des ordres qu'il intéresse. Le ministre est persuadé que cette demande sera favorablement accueillie par la plupart d'entr'eux. — Signé : Le Duc Decazes.

Toulouse, le 31 mars 1874.

Le secrétaire adjoint de l'Académie des sciences inscriptions et belles lettres de Toulouse accuse réception et remercie M. d'Amade du volume intitulé : *Légion d'honneur*, il le prévient qu'une commission a été chargée de rendre compte de son objet à l'Académie. — Signé : Cros.

Rennes, le 18 avril 1874.

Le secrétaire de la faculté des sciences de Rennes certifie que M. d'Amade, Albert-Gérard-Léo, né à Toulouse (Haute-Garonne) le 24 décembre 1856, a subi avec succès, devant ladite faculté, les 17 et 18 avril 1874, les épreuves écrites et les épreuves orales, et qu'il a été déclaré digne du grade de *Bachelier ès-sciences*.

Vu : Le recteur, Signé : Barre. — Le Secrétaire, Signé : Mercié. — Vu : Le Doyen. Signé : Sirodot.

Toulouse, le 22 avril 1874.

Le président de la Société archéologique du midi de la France prévient M. d'Amade, sous-intendant militaire de 1re classe à Alger, que dans sa séance d'hier la Société l'a nommé membre correspondant. La Compagnie se félicite de cette désignation et du titre qu'elle accorde. — Signé : L'abbé Carrière.

Alger, les 10 et 22 avril 1874.

Le vice consul de Sa Majesté impériale de Russie à Alger prévient M. d'Amade, sous-intendant de 1re classe à Alger, qu'il a reçu avis par la voie de la chancellerie privée de Sa Majesté l'empereur de Russie, que son recueil sur les ordres honorifiques et sa lettre d'hommage ont été remis au ministère de la maison de Sa Majesté l'Empereur. — Signé : Porten.

Rodez, le 25 avril 1874.

Le président de la Société des lettres, sciences et arts de l'Aveyron remercie M. d'Amade de son envoi, par l'intermédiaire du chanoine Saladin, du volume intitulé : *Légion d'honneur*. Il félicite l'auteur sur l'esprit dans lequel il est écrit, et fait l'éloge de ce travail si complet, etc. — Signé : Eug. de Barrau.

Stuttgart, le 27 avril 1874.

Le ministre de la maison de l'empereur de Russie prévient M. d'Amade, sous-intendant militaire de 1re classe à Alger, que Sa Majesté l'Empereur, son Auguste souverain, ayant gracieusement accepté l'exemplaire de son ouvrage sur les ordres de chevalerie, Sa Majesté l'a chargé de lui exprimer ses remerciements. — Signé : Comte Adlerberg.

Bruxelles, le 29 avril 1874.

Le ministre de France à la légation de Belgique prévient M. d'Amade, sous-intendant militaire de 1re classe à Alger, qu'il a fait parvenir à Sa Majesté le Roi l'ouvrage qu'il désirait lui offrir en hommage, et que le ministre des affaires étrangères, par une lettre du 28 avril, l'a chargé de lui transmettre les remerciements de Sa Majesté. — Signé : Baron Baude.

Toulouse, le 23 mai 1874.

Le secrétaire de l'Académie des sciences, inscriptions et belles lettres de Toulouse informe M. d'Amade que l'Académie lui a accordé une mention honorable pour l'ouvrage intitulé : *Légion d'honneur* et que cette distinction sera proclamée à la séance publique, au Capitole, le 31 mai prochain, séance à laquelle l'auteur est prié d'assister. — Signé : Clos.

Montauban, le 25 mai 1874.

Le secrétaire général de la Société des sciences, belles lettres et arts du département de Tarn-et-Garonne accuse réception à M. d'Amade de son ouvrage sur les ordres honorifiques, le remercie de cet envoi au nom de la Société et le prévient qu'il a été nommé à l'unanimité, membre correspondant de ladite Société. — Signé : Em. Soleville.

Paris, le 1er juillet 1874.

Le vice-président du conseil, ministre de la guerre, prévient le jeune d'Amade, Albert-Gérard-Léo, candidat pour l'admission à l'école spéciale militaire, qu'à la suite de la correction de ses compositions, il a été reconnu admissible à subir les épreuves orales.

Pour le ministre et par son ordre : Le Directeur général du personnel et du matériel. — Signé : Renson.

Paris, le 2 juillet 1874.

Le ministre de l'instruction publique et des cultes : Vu le certificat d'aptitude au grade de *bachelier ès-sciences*, accordé le 18 avril 1874 par les professeurs de la faculté des sciences de Rennes au sieur d'Amade, Albert-Gérard-Léo, né à Toulouse (Haute-Garonne) le 24 décembre 1856, confère, en conséquence, audit sieur d'Amade le diplôme de *Bachelier ès-sciences* pour en jouir avec droits et prérogatives y attachés par les lois, décrets et règlements.

Pour expédition conforme : Le Directeur de l'enseignement supérieur. — Signé : du Mesnil.

Le Ministre de l'instruction publique et des cultes. — Signé : de Caumont.

Délivré sous le n° 276 par le recteur de l'académie de Rennes, le 30 juillet 1874. — Signé : Barre.

Signature de l'impétrant : A. d'Amade.

Rio de Janeiro, le 11 juillet 1874.

Le comte L. Laugier-Villars, chargé d'affaires de France au Brésil, fait savoir à M. d'Amade, sous-intendant militaire de 1re classe à Alger, que conformément à ses désirs, son volume sur la *Légion d'honneur* et les ordres étrangers a été offert à Sa Majesté l'empereur du Brésil accompagné de la lettre d'hommage adressée à ce souverain.

Lisbonne, le 2 août 1874.

M. le vicomte de Saint-Guilhem accuse à M. d'Amade réception de sa lettre et de l'exemplaire sur les ordres honorifiques. Il annonce qu'il va faire relier ce dernier aux armes de Bragance et qu'il sera remis à Sa Majesté. La conséquence sera une décoration portugaise à l'adresse de l'auteur. C'était là l'important et le difficile; mais c'est arrangé. Il lui donne, à cet effet, des instructions diverses. — Signé : De Saint-Guilhem.

Lisbonne, le 12 février 1875.

Le même confirme ses félicitations, envoyées sur une carte à l'occasion du premier jour de l'an, pour la promotion de M. d'Amade au grade de commandeur de l'ordre du Christ, il lui témoigne sa satisfaction d'avoir pu être utile à une personne à laquelle l'attachent des liens de parenté. — Signé : de Saint-Guilhem.

Paris, le 20 août 1874.

L'envoyé d'Autriche-Hongrie à l'ambassade de Paris prévient M. d'Amade, sous-intendant militaire de 1re classe à Alger, que les règlements en vigueur à la cour d'Autriche ne permettant pas d'acheminer à leur haute destination des envois venant de l'étranger, sans avoir été apostillés par l'ambassade, il a été chargé de donner son avis tant sur la valeur du volume offert à Sa Majesté l'empereur que sur la personnalité de l'auteur.

Les renseignements recueillis étant favorables, Sa Majesté a daigné accepter l'hommage de M. d'Amade, ordre a été donné qu'il soit placé dans la bibliothèque de Sa Majesté.

Il a l'ordre d'adresser à M. d'Amade les remerciements de son auguste souverain. — Signé : Comte Hoyon.

Alger, le 31 août 1874.
Marseille, le 7 septembre 1874.
Paris, le 31 décembre 1874.

Lettres de M. l'intendant général Blondeau, dans lesquelles il témoigne à M. d'Amade ses sentiments affectueux, lui fait connaître les détails de sa traversée et le résultat obtenu par lui en faveur de M. d'Amade qu'il a fait classer avec le n° 14 sur le tableau de proposition pour officier de la légion d'honneur. — Signé : Blondeau.

La Flèche, le 13 septembre 1874.

Le général commandant le Prytanée militaire témoigne à M. d'Amade, sous-intendant militaire, sa satisfaction sur le succès probable de son fils Albert aux examens pour Saint-Cyr. Lui annonce que cet élève compte toujours parmi les élèves du Prytanée militaire et qu'il sera appelé à jouir des avantages à eux accordés par les règlements. — Signé : Bertrand.

Lorient, le 16 septembre 1874.

Le Préfet maritime, amiral Girquel des Touches, témoigne à M. d'Amade (Adolphe) sa satisfaction sur le succès de son fils aux examens de Saint-Cyr, il le félicite des bonnes dispositions d'Albert et de ses excellents principes. L'élévation de ses sentiments et son goût pour le travail sont des garanties assurées pour sa réussite dans l'avenir; il exprime ses sentiments affectueux pour Albert, dont il a été heureux d'être le correspondant, adresse compliments et souvenirs affectueux de la part de M. et Mme Girquel pour M. d'Amade et pour Albert. — Signé : Girquel des Touches.

Lorient, le 19 septembre 1874.

Le proviseur du lycée de Lorient affirme qu'Albert d'Amade a passé de beaux examens pour Saint-Cyr. Ses succès de l'année étaient une garantie presque certaine qu'il arriverait au but. Le proviseur est heureux qu'Albert emporte du lycée de Lorient un bon souvenir. Il ne cessera d'être considéré comme un de ses meilleurs élèves. Le proviseur se fera l'interprète de ses remerciements auprès des professeurs et de l'aumônier du lycée.

Le Proviseur. — Signé : Moulun.

Paris, le 5 octobre 1874.

M. Gaffiot, sous-intendant militaire de 1re classe, a lieu de supposer que le n° 29 des nouveaux admis à Saint-Cyr, est le fils de M. d'Amade, sous-intendant militaire à Alger, il se hâte, en conséquence, d'exprimer la joie qu'il en éprouve. Il dit que son fils sorti le n° 62 de l'école vient de se relever au concours d'état major où il a été classé le n° 8. Compliments cordiaux. — Signé : Gaffiot.

Paris, le 6 octobre 1874.

Le ministre de la guerre, M. le général de Cissey, par son officier de service, remercie M. d'Amade de l'envoi qu'il lui a fait de son travail sur la *Légion d'honneur* et les ordres étrangers. Il témoigne sa satisfaction de l'excellent esprit dans lequel est écrit cet ouvrage. — Signé : Capitaine Le Bleu.

MINISTÈRE DE LA GUERRE

Paris, le 13 octobre 1874.

Le vice-Président du Conseil, ministre de la guerre, a nommé élève à l'école spéciale militaire M. d'Amade, Albert-Gérard-Léo, porté sous le n° 29 de la liste de classement établie par le jury d'admission.

Il devra être rendu à Saint-Cyr le 19 octobre courant.

Pour le ministre et par son ordre. — Signé : Renson.

Libourne, le 18 octobre 1874.

M. Edouard Danglade, beau-frère de M. d'Amade, Adolphe, par son mariage avec Mlle Amélie de Ricaumont, le félicite sur l'admission de son neveu Albert d'Amade à l'école spéciale militaire de Saint-Cyr avec le n° 29 sur 400, résultat inespéré et qui témoigne d'un passé d'élève hors ligne. Il aurait été heureux d'apprendre ce résultat par Albert lui-même. Il espère qu'il n'aura pas oublié l'affection qu'il lui a vouée. Il demande de ses nouvelles et des nouvelles de sa famille. Assurance de sentiments bien dévoués. — Signé : Danglade, Edouard.

Alger, le 14 janvier 1874.

Le capitaine du génie Henry, aide de camp de M. le gouverneur général de l'Algérie, informe M. d'Amade que le général Chanzy, après avoir examiné ses droits à la décoration, demandée au Bey de Tunis pour lui, ne fait aucune objection et que M. le consul général Roustan doit être avisé des dispositions bienveillantes du gouverneur pour M. d'Amade. — Signé : Henry.

Froshdorf, 22 janvier 1874.

M. le Comte de Sainte-Suzanne, secrétaire particulier de M. le Comte de Chambord, répond à M. d'Amade, sous-intendant militaire à Alger, que sa lettre lui communiquant la mort de Mme Veuve d'Amade, née de Montbrun, a été mise sous les yeux de Monseigneur et qu'il en a été on ne peut plus touché. Il l'a chargé d'exprimer à M. d'Amade la part sympathique qu'il daigne prendre à son malheur ; interprète fidèle de sa pensée, il est chargé de lui témoigner aussi sa satisfaction de voir M. d'Amade persister dans ses convictions politiques, si intimement liées avec le salut de la France. — Signé : Comte de Sainte-Suzanne.

Alger, le 9 février 1875.

Le 9 février 1875 à Alger, Monseigneur l'archevêque de Lavigerie a daigné recommander à la haute bienveillance de Notre Saint Père le Pape Pie IX M. d'Amade, sous-intendant militaire à Alger, à l'effet d'obtenir la croix de commandeur de l'ordre pontifical de Saint-Grégoire. Copie de la recommandation a été remise à l'intéressé.

Alger, le 28 février 1875.

M. le capitaine du génie Henry, 2ᵉ aide de camp du gouverneur général de l'Agérie, M. le général Chanzy, prévient M. d'Amade, sous-intendant militaire de 1ʳᵉ classe, que sa nomination au grade de commandeur du Nicham vient d'arriver au cabinet du gouverneur. Félicitations et compliments respectueux. — Signé : Henry.

M. le commandant de Boisdeffre, 1ᵉʳ aide de camp du général Chanzy, témoigne à M. d'Amade la satisfaction du général en chef pour la distinction qui lui a été décernée. Il adresse, avec l'insigne arrivé par le courrier du jour, les félicitations du général Chanzy et les siennes. — Signé de Boisdeffre.

Saint-Cyr, le 6 mars 1875.

Le général Hanrion, commandant l'école spéciale militaire, fait connaître à M. d'Amade, sous-intendant militaire à Alger, que par décision du 5 mars le ministre de la guerre accorde à son fils (Albert-Gérard-Léo) la bourse et le trousseau.

Il profite de l'occasion pour donner un bon témoignage sur la conduite et le travail de son jeune Saint-Cyrien et se rappeler à son souvenir. — Signé : H. Hanrion.

Froshdorf, 9 avril 1875.

En l'absence de M. le comte de Sainte-Suzanne, M. le baron de Raincourt témoigne à M. d'Amade la vive sympathie avec laquelle M. le comte de Chambord a appris la nouvelle du décès de M. Bérail, président du tribunal de Rodez, son beau-frère. Monseigneur s'était plu à reconnaître en M. Bérail les sentiments qui l'avaient rendu digne de s'unir à une famille où ils sont héréditaires : aussi daigne-t-il accorder de réels regrets à ce magistrat. Puisse cette pensée apporter quelque adoucissement au juste chagrin de sa famille. — Signé : Baron E. de Raincourt.

Paris, le 19 avril 1875.

Le Ministre de l'instruction publique, des cultes et des beaux-arts prévient M. d'Amade, sous-intendant militaire de 1re classe à Alger, qu'en raison du changement de prix du volume sur la *Légion d'honneur*, il accepte les 20 exemplaires qui représentent le complément de la souscription du 29 septembre dernier. Il accepte aussi l'offre d'un exemplaire spécial pour la bibliothèque du ministre.

Quant à sa candidature pour le titre d'officier de l'instruction publique, elle sera examinée prochainement dans un travail d'ensemble concernant cette distinction. — Signé : N. Vallon.

Athènes, les 10 et 22 mai 1875.

Le Ministre des affaires étrangères du gouvernement hellénique fait connaître à M. le consul général de Sa Majesté, à Alger, que l'ouvrage publié par M. d'Amade, sur les ordres honorifiques, est déjà parvenu à Sa Majesté le Roi. — Signé : Tricoupis.

Alger, le 15 mai 1875.

Lettre de M. d'Amade, sous-intendant militaire de 1re classe à Alger, sollicitant auprès de M. le grand chancelier de la Légion d'honneur, l'autorisation d'accepter et de porter la décoration de 2e classe de l'ordre de Nicham-Iftikhar qui lui a été conférée par le Bey de Tunis, le 12 février 1875 (le 7 de moharem de l'année 1292); sont jointes à la demande les pièces prescrites par le décret du 10 juin 1853 et par les instructions diverses de la même année.

Tunis, le 13 févier 1875 (n° 590).

Traduction du titre écrit en langue et caractères arabes, et signé par le Bey de Tunis Mohammed Éssadek, Bacha Bey, nommant M. d'Amade, sous-intendant militaire, titulaire de la décoration de 2ᵉ classe, commandeur de l'ordre du Nicham-Iftikhar.

Traduction signée par le drogman du consulat général : Félix Jouglet. — Contre signé : Khérédine.

Légalisé par le consul général chargé d'affaires de France à Tunis. — Signé : Roustan.

Alger, le 3, le 14 juillet et le 25 septembre 1875.

Trois lettres distinctes de :

M. Brunet, aumônier militaire ;

M. Mongelas, maire et président de la Société des Beaux-Arts d'Alger ;

M. Garnier, médecin principal en chef du 19ᵉ corps d'armée,

Accusant réception à M. d'Amade, sous-intendant militaire de 1ʳᵉ classe, de son travail sur la Légion d'honneur et les ordres étrangers. Compliments et remerciements.

Paris, le 12 juillet 1875.

Le grand Chancelier de la Légion d'honneur certifie que, par décret du 10 juillet 1875, M. d'Amade, Adolphe, sous-intendant militaire de 1ʳᵉ classe, a obtenu l'autorisation d'accepter et de porter la décoration de 2ᵉ classe de l'ordre du Nicham-Iftikhar que lui a conférée le Bey de Tunis ; cette décoration est portée en sautoir.

Le grand chancelier. — Signé : général Vinoy.

Le secrétaire général. — Signé : de Vaudrimey.

Enregistré sous le n° 2208. Le chef de la division administrative. — Signé : Renaud.

Alger, le 29 juillet 1875.

Le Recteur de l'Académie d'Alger prévient M. d'Amade, sous-intendant militaire à Alger, qu'il verra prochainement à Paris M. le ministre de l'instruction publique et qu'il lui rappellera sa promesse en faveur de M. d'Amade. Il espère apporter l'assurance qu'elle sera promptement réalisée. — Signé : de Salve.

Alger, le 4 septembre 1875.

Monseigneur l'Archevêque d'Alger autorise M. d'Amade, sous-intendant militaire de 1re classe, et son fils, à chasser sur la propriété de l'Orphelinat de la Maison carrée.

Le vicaire-général. — Signé : Gillard.

Coléah, le 14 octobre 1875.

Le major commandant le dépôt du 1er régiment des zouaves, au nom des officiers de ce régiment, remercie M. d'Amade de l'offre qu'il a faite à la bibliothèque du corps, de son travail sur la Légion d'honneur. Compliments et témoignages de reconnaissance. — Le major, — Signé : Perny.

Paris, le 13 novembre 1875.

L'Ambassadeur de Russie prévient M. d'Amade, à Alger, que son absence de Paris est cause du retard de cette lettre ; il accepte avec empressement, en remerciant, l'offre d'un exemplaire de son ouvrage sur les ordres honorifiques. — Signé : Prince Orloff.

Palais d'Ajuda, le 28 décembre 1875.

Original en langue portugaise de l'ordonnance de Sa Majesté le Roi de Portugal et des Algarves, nommant Adolphe d'Amade, officier supérieur de l'armée française, commandeur du royal ordre militaire portugais de (N. S. J.-C.) Notre Seigneur Jésus-Christ. — Signé : Le Roi.

Contre signé : Antonio Rodrigues Sampaio.

Lisbonne, le 24 mars 1876.

Traduction certifiée conforme à l'original ci-dessus relaté.

Le Chancelier du consulat de France à Lisbonne. — Signé : Vicomte E. de Castillon de Saint-Victor.

Alger, le 28 janvier 1876.

Le premier aide de camp de Son Altesse Royale le Prince Alexandre des Pays-Bas, M. le baron Sistéma de Gravestein, d'après les ordres de Son Altesse Royale, témoigne à M. d'Amade, sous-intendant militaire de 1re classe, la satisfaction de son auguste prince d'avoir reçu l'exemplaire intitulé : *Légion d'honneur*. Parmi les souvenirs qu'il emportera de son séjour à Alger, ce volume, qui ornera sa bibliothèque, tiendra une des premières places. M. le baron Sistéma remercie

M. d'Amade de l'exemplaire qu'il a bien voulu joindre à son envoi, et à son adresse personnelle. — Signé : Baron Sistéma de Gravestein.

Alger, le 28 janvier 1876.

L'aide de camp de Son Altesse Royale le prince Alexandre des Pays-Bas témoigne à M. d'Amade, sous-intendant militaire, ses remerciements pour le volume sur les ordres honorifiques qu'il a bien voulu lui faire remettre en souvenir de leurs bonnes relations à Alger. Il sera aussi un souvenir bien agréable de son séjour à Alger, séjour qui doit prendre fin demain. Il fait des vœux sincères pour M. d'Amade et pour la prospérité de la colonie. — Signé : Van Goëns.

Paris, le 10 mars 1876.

Le grand chancelier de la Légion d'honneur certifie que, par décret du 9 mars 1876, M. d'Amade (Adolphe), sous-intendant militaire de 1re classe, a obtenu l'autorisation d'accepter et de porter la décoration de chevalier de l'ordre de Saint-Grégoire le Grand, qui lui a été conférée par le Saint-Père. — Signé : général Vinoy.
Le secrétaire-général. — Signé : de Vaudrimey.
Enregistré sous le n° 2554.
Le chef de la division administrative. — Signé : Renaud.

Paris, le 10 mars 1876.

Le grand Chancelier de la Légion d'honneur certifie que, par décret du 9 mars 1876, M. d'Amade (Adolphe), sous-intendant militaire de 1re classe, a obtenu l'autorisation d'accepter et de porter la décoration de commandeur de l'ordre de Saint-Sylvestre, qui lui a été conférée par le Saint-Père. — Signé : général Vinoy.

Le secrétaire général. — Signé : Vaudrimey.

Enregistré sous le n° 2560. Le chef de la division administrative. — Signé : Renaud.

Britisch consulate général, Algiere, 19 mars 1876.

Le consul général de Sa Majesté Britannique accuse réception à M. d'Amade de son très-intéressant ouvrage sur les ordres de chevalerie ; il est chargé par les dames anglaises dirigeant un comptoir à la vente de charité, de remercier M. d'Amade de l'exemplaire destiné à leur comptoir.

Remerciements personnels et assurance de très-haute considération. — Signé : Playfair.

Alger, le 20 avril 1876.

Le consul général d'Espagne à Alger fait connaître le texte de la réponse de Son Excellence le Ministre des affaires étrangères d'Espagne à l'envoi des deux exemplaires du travail publié par M. d'Amade, sous-intendant militaire à Alger, disant en substance que Sa Majesté le roi d'Espagne a daigné faire un bon accueil à l'exemplaire qui lui était destiné par l'auteur, et que l'exemplaire destiné à la bibliothèque des affaires étrangères y a été catalogué.

Remerciements adressés à M. d'Amade de la part de Sa Majesté et de la part du Ministre.

Félicitations sincères de la part du consul général. — Signé : A. de Burgos.

Paris, le 12 juillet 1876.

M. Ch. de Freycinet, ministre d'Etat, à cette date rapporteur de la loi sur l'administration militaire, témoigne à M. d'Amade, sous-intendant militaire à Alger, son profond sentiment d'impartialité et de vive sympathie pour le corps de l'intendance ; il expose ce qui est nécessaire et ce à quoi on doit arriver. — Signé : Ch. de Freycinet.

Alger, le 3 août 1876.

Monseigneur l'Archevêque d'Alger renouvelle à M. d'Amade et à son fils l'autorisation à eux accordée de chasser sur les terres des *Pères Blancs* de la Maison carrée. — Exprime ses meilleurs sentiments. — Signé : Dusserre.

MINISTÈRE DE LA GUERRE.

Paris, le 25 septembre 1876.

Le général Renson, directeur du personnel, annonce à M. d'Amade, sous-intendant militaire à Alger, que son fils Albert est désigné pour le 3e régiment des tirailleurs à Constantine. Le premier régiment a été demandé par un de ses camarades qui le primait au classement, et il est de règle absolue qu'on suive la liste. Il espère qu'Albert d'Amade sera satisfait d'aller au 3e tirailleurs et qu'il ne sera pas trop loin d'Alger. — Signé : Renson.

MINISTÈRE DE LA GUERRE.

Paris, le 29 septembre 1876.

Le Ministre de la guerre informe M. d'Amade (Albert-Gérard-Léo), élève à l'école spéciale militaire, que, par décret du 22 septembre 1876, il est promu au grade de sous-lieutenant dans le 3e régiment de tirailleurs algériens pour y être placé à la suite.

Il rejoindra son corps à Constantine (Algérie) le 31 décembre 1876. Il prendra rang dans le grade de sous-lieutenant à la date du 1er octobre 1876.

Pour le ministre et par son ordre : Le Directeur général du personnel et du matériel. — Signé : Renson.

Titre remis à l'intéressé le 5 octobre 1876 : le sous-intendant militaire de 1re classe. — Signé : d'Amade.

M. d'Amade, 3, Rampe Valée, à Alger (Algérie).

MINISTÈRE DE LA GUERRE.

Paris, le 25 septembre 1876.

M. de Panafieu, directeur de la comptabilité et du contrôle au ministère de la guerre, annonce à M. d'Amade qu'il n'a pas été possible de faire classer son fils Albert au 1er régiment de tirailleurs à Blidah. C'est le 3e régiment de tirailleurs à Constantine qui lui est échu, un de ses camarades, qui le primait au classement de sortie de l'école, ayant exercé son choix avant lui. Il trouve qu'on oublie M. d'Amade à Alger; il lui conseille de demander une des places de Versailles :

il y a beaucoup de candidats, mais ses services très-anciens pourraient être pris en sérieuse considération. Compliments et affectueux dévouement. — Signé : de Panafieu.

Alger, le 9 octobre 1876.

Le colonel Aublin, directeur des affaires indigènes à Alger, fait prévenir M. d'Amade, sous-intendant militaire à Alger, que le ministre de la guerre vient de mettre à la disposition du gouverneur général, pour être employé aux affaires arabes, M. Bourjade, Gaston, son neveu, sous-lieutenant au 21e bataillon de chasseurs à pied, qui passe au 128e de ligne. Le général Chanzy a désigné M. Bourjade pour les bureaux arabes de la division d'Alger, et il invite M. le général de division à lui faire connaître le poste qu'il croira devoir assigner à M. Bourjade. — Signé : Le commandant A. Strolz, sous-chef des affaires indigènes à l'état major général.

Terracine (Italie), 28 décembre 1876.

M. le comte Augustin Antonelli, en son nom et au nom de toute la famille du cardinal Antonelli, remercie M. d'Amade, sous-intendant militaire de 1re classe à Alger, des sympathies et expressions de condoléance qu'il a fait parvenir à l'occasion de la perte du cardinal Antonelli.

Il exprime des sentiments de douleur poignante à l'occasion des attaques dirigées contre cette grande personnalité, morte victime de la cause qu'elle défendait.

Il envoie en souvenir deux photographies de son oncle, que M. d'Amade avait témoigné le désir d'avoir.

Il demande un accusé de réception et en retour la photographie de M. d'Amade. — Signé : Augustin Antonelli.

Paris, le 18 janvier 1877.

Le général d'Abzac, aide de camp du maréchal de Mac-Mahon, président de la République, envoie à M. d'Amade, sous-intendant militaire à Alger, la lettre qu'il vient de recevoir du général Borel. — Signé : d'Abzac.

Le général Borel dit, en substance, que la demande de M. d'Amade, tendant à être désigné pour un poste de Paris ou de Versailles, est arrivée trop tard ; que, du reste, la désignation du personnel du gouvernement de Paris est laissée par le ministre au général de Ladmirault : or ce dernier ne connaît pas ce fonctionnaire, et il n'a pas eu l'air d'accepter très-chaudement sa demande. Le mieux serait de faire faire des propositions par M. l'intendant général, Vigo-Roussillon, Il promet, à la première occasion, de lui recommander cette candidature ; mais il ne peut garantir d'avance le résultat de ses démarches. — Signé : Général Borel.

Alger, le 25 janvier 1877.

M. Mongelas, directeur et président de la Société des beaux arts d'Alger, prévient M. d'Amade, sous-intendant militaire à Alger, que la société acceptera avec reconnaissance pour sa bibliothèque le très-beau cadeau qui lui est adressé. Ce magnifique ouvrage sera lu avec intérêt par les érudits de la Société.

En recevant M. d'Amade dans son sein, la Société des beaux arts s'est enrichie d'un savant; le président en est heureux pour elle et en témoigne personnellement sa vive satisfaction. — Signé : Mongelas.

Bologne, le 15 février 1877.

M. Louis-Charles Falbri, président du conseil supérieur du comité d'organisation de la fête du jubilé épiscopal du Souverain Pontife Pie IX, témoigne à M. d'Amade, sa satisfaction de le voir concourir, par son précieux travail, aux dons de l'exposition qui doit avoir lieu à l'occasion du jubilé épiscopal de S. S. le S. P. Pie IX. Il lui indique où et quand devra être adressé le volume sur les ordres chevaleresques par M. le commandeur d'Amade. — Signé : Luigi-Carlo Falbri, présidente.

Alger, le 23 mars 1877.

Le lieutenant de vaisseau, officier d'ordonnance de l'amiral Dupin de Saint-André, demande à M. d'Amade le concours gracieux de ses enfants pour faire partie d'un groupe qu'il est chargé d'organiser en vue de la cavalcade du 8 avril prochain. Les enfants de M. le gouverneur général Chanzy doivent y figurer en empereur et impératrice de Chine, entourés de leurs amis, formant leur cour. Détails techniques. Assurances sur la sollicitude de l'organisateur pour éviter tout accident. — Signé : Th. Bauer.

Alger, le 2 avril 1877.

Délégation de M. Rousseau, intendant militaire de la division d'Alger, prescrivant à M. d'Amade de le remplacer pendant son inspection à Orléanville.

MINISTÈRE DE LA GUERRE.

Versailles, le 13 juin 1877.

Le Ministre de la guerre informe M. d'Amade (Albert-Gérard-Léo), sous lieutenant à la suite du 3e régiment de tirailleurs algériens, que, par décret du 11 juin 1877, il est mis en possession d'un emploi de son grade dans le corps dont il fait partie, en remplacement de M. Pagot, décédé.

Pour le Ministre et par son ordre, le Directeur général du personnel et du matériel, — Signé : Renson.
A M. d'Amade.

Alger, le 7 août 1877.

Délégation de M. Rousseau, intendant militaire de la division d'Alger, prescrivant à M. d'Amade, sous-intendant militaire de 1re classe, de le remplacer, pendant un congé de convalescence de deux mois, dans la direction des services administratifs de la division d'Alger.

L'intendant militaire du 19e corps et de la division d'Alger. — Signé : Rousseau.

Alger, le 5 octobre 1877.

Le général de division commandant la division d'Alger prévient M. d'Amade, sous-intendant militaire de 1re classe, qu'il l'a désigné pour faire partie de la Commission d'examen des candidats à l'avancement dans les grades de lieutenant, capitaine et chef de bataillon, sous la présidence du général de Loverto, qui convoquera la commission pour le 17 octobre courant. — Signé : Volff.

Paris, Vœu National au Sacré Cœur de Jésus, le 3 janvier 1878.

Le secrétaire du vœu du Sacré Cœur, M. Rohault de Fleury, accepte la proposition de M. d'Amade, tendant à mettre à la disposition du Vœu national un certain nombre d'exemplaires du volume intitulé : *Légion d'honneur*, pour être vendus au profit de l'œuvre.

Paris, Vœu National au Sacré Cœur de Jésus, les 9 et 26 février 1878.

Demande 10 exemplaires et il reviendra à la charge si les circonstances viennent en aide. Il remercie de cet envoi. — Signé : Rohault de Fleury.

Paris, le 9 février 1878.

M. le secrétaire du Vœu national au Sacré-Cœur de Jésus accuse réception à M. d'Amade des exemplaires de son recueil sur les ordres honorifiques offerts, pour être vendus au profit de l'œuvre. Il le remercie de ce don et lui annonce qu'il va le faire recommander par le journal *Le Monde*; il le remercie en même temps des bons moments que lui a procurés la lecture de ce beau livre. — Signé : Rohan de Fleury.

Versailles, le 15 février 1878.

Le Ministre de la guerre informe M. d'Amade, sous-intendant militaire de 1re classe à Alger, qu'il est désigné, en cas de mobilisation, pour rester attaché au territoire, afin de seconder l'intendant du cadre de réserve chargé de la direction du service administratif de la 19e région et de remplir lui-même les fonctions d'intendant au cas d'absence de celui-ci.

Cette lettre lui servira de titre dans l'exercice de ses fonctions.

Pour le Ministre et par son ordre, le Directeur général du personnel et du matériel. — Signé : Renson.

Alger, le 19 février 1878.

M. Texier, directeur de l'école de médecine et de pharmacie d'Alger, accuse réception à M. d'Amade, sous-intendant militaire de 1re classe, de son volume intitulé : *Légion d'honneur*, qui a été catalogué en son nom. Il le remercie de ce gracieux don à la bibliothèque de l'école de médecine et de pharmacie d'Alger. — Signé : Texier.

Alger, le 20 février 1878.

Le général de division M. Wolff, commandant la division d'Alger, exprime à M. d'Amade, sous-intendant militaire de 1re classe, ses remerciements pour l'envoi qu'il a bien voulu lui faire de son ouvrage sur la Légion d'honneur et les ordres étrangers.

Il accepte avec empressement, pour chaque subdivision de son commandement, un exemplaire de ce livre, qu'a distingué M. le Ministre de l'instruction publique, et dont il a fait envoi à la bibliothèque de la réunion des officiers d'Alger. — Signé : Volff.

Alger, le 25 mars 1878.

L'intendant du 19e corps d'armée et de la division d'Alger, partant le 26 mars pour une tournée d'inspection à Cherchill et probablement à Ténez, délègue M. d'Amade, sous-intendant militaire de 1re classe, pour le suppléer dans l'expédition des affaires administratives de la division. — Signé : Rousseau.

Toulouse, le 31 mars 1878.

M. Auguste de Naurois annonce à M. d'Amade, sous-intendant militaire, et à sa femme Mme Augusta d'Allens, la mort de M. Edouard de Naurois, son frère aîné, fondateur de l'asile du Vésinet : détails sur sa mort survenue à 79 ans, à la suite de l'émotion que lui procura sa nomination de chevalier de la Légion d'honneur et la cérémonie à laquelle donna lieu la

9

remise de cette décoration par le grand chancelier de la Légion d'honneur lui-même, le général Vinoy. — Il a été inhumé dans la chapelle de l'asile fondé par ses soins. C'est le 22 mars, à 4 heures du matin, qu'il rendit son âme à Dieu, entouré de plusieurs membres de sa famille et assisté de la supérieure de l'asile du Vésinet ainsi que du curé de la paroisse.

Alger, le 25 avril 1878.

M. le sous-intendant militaire d'Amade est délégué pour suppléer, pendant son absence, M. l'intendant militaire Rousseau pendant son inspection dans l'arrondissoment de Dellys (Tizi-Ouzou, Fort national, etc.).

L'intendant militaire du 19e corps d'armée et de la division d'Alger. — Signé : Rousseau.

Alger, le 29 avril 1878.

L'intendant militaire, inspecteur du 19e arrondissement administratif, se proposant de partir d'Alger dimanche 4 mai prochain, pour aller procéder à l'inspection administrative des corps et établissements de la subdivision de Milianah-Orléanville, prévient M. d'Amade, sous-intendant militaire de 1re classe, qu'il l'a désigné pour le suppléer pendant son absence.

L'intendant militaire. — Signé : Rousseau.

Paris, le 30 avril 1878.

Le grand chancelier de la Légion d'honneur remercie M. d'Amade du versement fait par lui à la caisse des dépôts et consignations, en vue de la reconstruction du palais de la Légion d'honneur, d'une somme provenant de la vente d'exemplaires du livre sur les décorations françaises et étrangères dont il est l'auteur. — Signé : général Vinoy.

Alger, le 28 mai 1878.

L'intendant militaire du 19e corps d'armée et de la division d'Alger prévient M. le sous-intendant militaire d'Amade qu'il l'a désigné pour faire partie de la commission de l'examen administratif que doivent subir, à Alger, les officiers proposés pour l'avancement en 1878. M. d'Amade devra se mettre en rapport avec M. le général Le Tourneur, président de cette commission, qui déterminera les heures des épreuves écrites et orales, les 24, 25 et 26 juin, à la réunion des officiers d'Alger.

L'intendant militaire. — Signé : Rousseau.

Alger, le 11 juin 1878.

Même délégation que le 25 et le 29 avril pendant l'inspection administrative des corps et établissements de la subdivision de Blidah. — Signé : Rousseau.

Sirac, le 12 juin 1878.

Marcel de Puymirol annonce, avec satisfaction, le projet de mariage de sa fille Cécile avec M. Stanislas de Galard-Terraube. Il fait le plus grand éloge des qualités de son futur gendre. Monseigneur de Langalerie doit bénir le mariage en sa qualité de parent de la famille de Galard. La cérémonie aura lieu à Toulouse, en raison des difficultés que présentent les ressources de Sirac. La famille de Galard étant nombreuse, témoigne ses regrets de ne pas nous avoir au nombre des présents à cette fête de famille, notre place y étant marquée. Compliments et affections pour toute la famille d'Amade de la part de la famille de Puymirol.

Montech, le 23 juin 1878.

Lettre de Philibert, vicomte de La Hitte, annonçant que son fils Louis doit faire sa 1re communion le 7 juillet, nous priant de nous unir d'intention à ce grand acte de la vie de ce cher enfant, et faisant part de ses tristesses au milieu du vide qu'a laissé autour de lui la mort de sa femme, Nancy Delpech. Il regrette que la distance qui nous sépare le prive du plaisir de nous voir réunis avec les amis intimes qui assisteront à cette fête de famille ; il donne des nouvelles de Sidonie, de Maurice, ses enfants, et de son beau-père et de sa belle-mère.

Alger, le 16 juillet 1878.

Même délégation que pour les autres tournées pendant la tournée d'inspection sur Dellys.

Alger, le 22 juillet 1878.

M. le sous-intendant militaire de 1re classe d'Amade est désigné pour suppléer, pendant la durée de son absence, M. l'intendant militaire inspecteur Rousseau, partant le 23 juillet en tournée d'inspection à Coléah.

L'intendant militaire. — Signé : Rousseau.

Versailles, le 5 août 1878.

Le ministre de la guerre informe M. d'Amade, Adolphe, sous-intendant militaire de 1re classe, employé au 19e corps d'armée, que par décret du 30 juillet 1878, rendu sur la proposition du ministre de la guerre, il a été promu au grade d'officier dans l'ordre national de la Légion d'honneur. Avis de ce décret est donné au grand chancelier de l'ordre, qui est chargé d'en assurer l'exécution en ce qui le concerne.

Le ministre de la guerre. — Signé : général Borel.

Paris, le 14 août 1878.

Le grand chancelier de l'ordre national de la Légion d'honneur certifie que par décret du 30 juillet 1878 M. d'Amade, Adolphe, sous-intendant militaire de 1re classe, a été promu au grade d'officier de la Légion d'honneur. — Signé : général Vinoy.

Par le secrétaire général, général de Villars.

Vu et enregistré sous le n° 20,338, par le chef de la division : Duteil d'Ozanne. — Signé : général Vinoy.

Par le Secrétaire général : général de Villers.

Alger, le 30 août 1878.

Copie du procès-verbal constatant la réception comme officier de la Légion d'honneur de M. d'Amade,

Adolphe, sous-intendant militaire de 1ʳᵉ classe à Alger, par M. le général de brigade Letourneur, commandant la subdivision d'Alger.

Alger, le 25 septembre 1878.

Lettre de M. le contre amiral de Saint-André, communiquant à M. d'Amade, sous-intendant militaire de 1ʳᵉ classe à Alger, en raison de ses alliances avec la famille de la Hitte, le décès de son excellent oncle maternel le général de La Hitte, beau-père de M. le général Boissonnet, survenu à l'âge de 90 ans, sans maladie et sans douleurs, le 23 septembre 1878, laissant un vide immense dans sa famille, où il était si aimé et si vénéré.

Alger, le 18 juillet 1878.

L'intendant militaire, inspecteur du 19ᵉ arrondissement administratif, se proposant de partir lundi 21 du courant pour aller procéder à l'inspection administrative des corps et établissements de la subdivision de Médéah, délègue M. d'Amade, sous-intendant militaire de 1ʳᵉ classe, pour le suppléer pendant son absence. — Signé : Rousseau.

Béziers, le 28 novembre 1878.

M. le comte Albert de Montcabrié donne à M. d'Amade, Adolphe, avec prière de le transmettre à son fils Albert d'Amade, l'avis de la naissance de son troisième garçon, né dans la nuit du 26 au 27 novembre 1878. Il envoie aussi à Albert d'Amade les amitiés du frère de Madame de Montcabrié, son camarade de Saint-Cyr.

ÉCOLE RÉGIONALE DE TIR DE BLIDAH.

Blidah, le 5 janvier 1879.

Prix d'ensemble délivré à M. d'Amade (Albert-Gérard-Léo), sous-lieutenant au 3ᵉ régiment de tirailleurs algériens.

Les membres du Conseil d'instruction de l'école : Le chef de bataillon commandant l'école. — Signé : Deniéport.

Les capitaines professeurs et instructeurs. — Signés : Halter, Laquière.

Le général inspecteur de tir. — Signé : Bardin.

Constantine, le 15 avril 1879.

Le capitaine Maux, faisant fonction de major, a été chargé par le colonel commandant le 3ᵉ régiment de tirailleurs, de remercier M. d'Amade, sous-lieutenant à la 5ᵉ compagnie du 2ᵉ bataillon à Khenchla, pour le travail qu'il lui a envoyé (Levé de Khenchla), et de lui adresser ses félicitations pour la manière dont ce travail a été exécuté. — Signé : J. Maux.

INSPECTION GÉNÉRALE DE 1879
39ᵉ ARRONDISSEMENT D'INFANTERIE.

Constantine, le 1ᵉʳ octobre 1879.

Certificat d'aptitude administrative.

Les membres de la commission d'examen instituée

conformément à l'article 126 de l'instruction du 8 mai 1878 sur les inspections générales des corps de troupe, certifient que M. d'Amade, Albert-Gérard-Léo, sous-lieutenant au 3ᵉ régiment de tirailleurs algériens, a subi les épreuves écrites et orales imposées aux officiers proposés pour l'avancement et qu'il a obtenu la mention : Très-bien. — Le lieutenant colonel, Signé : Noellat.

Le général. — Signé : L. Forgemol.

Le sous-intendant militaire. — Signé : Bolot.

AU QUARTIER GÉNÉRAL A ALGER

ORDRE DE LA DIVISION

Alger, le 31 juillet 1880.

A dater du 1ᵉʳ août prochain, M. d'Amade, sous-intendant militaire de 1ʳᵉ classe, sera chargé de la direction des services administratifs de la division d'Alger, pendant l'absence de M. l'intendant militaire Rousseau, allant en France jouir d'un congé de convalescence de deux mois que lui a accordé le ministre de la guerre.

Le général commandant provisoirement la division. — Signé : Bardin.

Pour ampliation, pour le chef d'état major, le chef d'escadrons de service. — Signé : de Lassone.

Paris, le 26 octobre 1880.

Le chef du cabinet du ministre de l'instruction publique et des beaux-arts donne avis à M. Dessirier, officier d'ordonnance de M. le gouverneur général de l'Algérie, que le ministre de la guerre a transmis le 5 février 1879 sa proposition pour les palmes d'officier de l'instruction publique en faveur de M. d'Amade; il a pris bonne note de cette candidature, et il ne perdra pas de vue en temps utile les bienveillantes interventions de M. Dessirier en faveur de ce fonctionnaire. — Signé : Alfred Rambaud.

Alger, le 15 novembre 1880.

Le chef de bataillon, chef du cabinet de M. le gouverneur général de l'Algérie, communique à M. d'Amade, sous-intendant militaire de 1re classe à Alger, la lettre de M. le chef du cabinet du ministre de l'instruction publique relative à la candidature de M. d'Amade aux palmes d'officier de l'instruction publique.

Le chef de bataillon. — Signé : Dessirier.

Alger, le 20 novembre 1880.

Le secrétaire soussigné certifie que M. d'Amade, Bernard-Gérard-Jean-Louis-Pierre, né à Montauban (Tarn-et-Garonne), le 25 août 1863, a été déclaré par l'école des lettres d'Alger, le 18 novembre 1880, admissible au grade de bachelier ès-lettres complet. — Signé : Mayzerac.

Vu, le Directeur. — Signé : Maisneroy.

3e RÉGIMENT DE TIRAILLEURS ALGÉRIENS
ORDRE DU RÉGIMENT N° 102.

Sétif, le 18 décembre 1880.

Le colonel porte à la connaissance du corps les félicitations du général de division sur les travaux produits par les officiers : ceux de MM. Mercier et d'Amade ont été envoyés au ministre de la guerre. Le colonel espère que ces travaux seront renvoyés par le ministre pour être conservés et consultés à la bibliothèque du corps. — Signé : Gerder.

M. le lieutenant Orlanducci, commandant le détachement de Bordj-Bou-Arrérich, transmet une copie de l'ordre ci-dessus à M. d'Amade, avec ses félicitations cordiales.

Bordj-Bou-Arrérich, le 22 décembre 1880. — Signé : Orlanducci.

Paris, le 19 décembre 1880.

L'intendant général Lévy annonce à M. d'Amade, sous-intendant de 1re classe à Alger, que le comité l'a inscrit au tableau pour commandeur de la Légion d'honneur avec le n° 2. M. Lejeune, n° 1, sera sûrement nommé; il souhaite à M. d'Amade d'arriver au même résultat avant la fin de son activité, affirmant qu'en tous cas la chancellerie de la *Légion d'honneur* lui viendra en aide pour y parvenir. — Signé : L'intendant général, Lévy.

Paris, le 1er janvier 1881.

Le ministre de l'instruction publique et des beaux-arts informe M. d'Amade, sous-intendant militaire à Alger, qu'il l'a nommé officier de l'instruction publique, voulant ainsi reconnaître les services rendus par M. d'Amade à l'instruction publique.

Pour le ministre président du Conseil, le chef du cabinet. — Signé : Alfred Rambaud.

Paris, le 1er janvier 1881.

Copie du titre d'officier de l'instruction publique conféré à M. d'Amade, sous-intendant militaire de 1re classe à Alger, par arrêté ministériel du 1er janvier 1881.

Signé : Jules Ferry, ministre de l'instruction et des beaux-arts, et pour ampliation par le chef du bureau des archives. — Signé : Valmore.

Paris, le 24 janvier 1881.

Le Président du Conseil, ministre de l'instruction publique, vu le certificat d'aptitude au grade de bachelier ès-lettres accordé le 18 novembre 1880 par les professeurs de l'école des lettres d'Alger au sieur d'Amade, Bernard-Gérard-Jean-Louis-Pierre, né à Montauban (Tarn-et-Garonne) le 25 août 1863, donne, en conséquence, audit sieur d'Amade le diplôme de bachelier ès-lettres pour en jouir avec droits et prérogatives y attachés par les lois, décrets et règlements.

Le Président du Conseil, ministre de l'instruction publique, — Signé : Jules Ferry.

Délivré par le recteur de l'Académie d'Alger, le 17 février 1881, sous le n° 3274. Le recteur. — Signé : Rolin.

Pour copie conforme, pour le directeur de l'enseignement supérieur, le chef du 1ᵉʳ bureau. — Signé : de Beauchamps.

Signature de l'impétrant : B. d'Amade.

Alger, le 7 février 1881.

Le Président de la Société des beaux-arts, sciences et lettres d'Alger, prévient M. d'Amade, sous-intendant militaire de 1ʳᵉ classe, que dans sa séance du 6 février la Société l'a nommé à l'unanimité membre correspondant. Il le remercie de l'exemplaire de son travail sur les ordres de chevalerie, dont il a gratifié la bibliothèque de la Société. Compliments et regrets sur son départ projeté d'Alger. — Signé : A. Dumain.

Paris, le 22 mai 1881.

M. de Saint-Guilhem, beau-frère de M. le général Berge, croit être agréable à M. d'Amade, sous-intendant militaire à Alger, en lui annonçant que dans le classement des officiers demandant à être admis à l'école de guerre, son fils Albert a été déclaré admissible avec le n° 88 sur 106, dont se compose la liste arrêtée hier au soir au ministère de la guerre. Il le prévient que les examens oraux auront lieu, pour son fils, le vendredi 10 juin. Il espère que son beau-frère, membre de la commission d'examen, ne lui sera pas hostile. Il serait bon que le candidat montât de quelques rangs parce qu'il ne doit être admis que 72 candidats. — Signé : de Saint-Guilhem.

Alger, le 20 juin 1881.

M. le sous-intendant militaire de 1re classe d'Amade est désigné pour suppléer, pendant la durée de son absence, M. l'intendant militaire Rousseau, partant en tournée d'inspection dans l'arrondissement d'Aumale. — Signé : Rousseau.

MINISTÈRE DE LA GUERRE.

Paris, le 23 juin 1881.

Le ministre de la guerre informe M. d'Amade, sous-lieutenant au 3e régiment de tirailleurs algériens, qu'à la suite du concours qui a eu lieu devant la commission spéciale désignée à cet effet, il est admis à suivre les cours de l'École supérieure de guerre.

Il se présentera le lundi 31 octobre prochain, à midi, à M. le général commandant l'école. Il comptera toujours à son corps et il est autorisé à amener avec lui son ordonnance.

Pour le ministre et par son ordre, le chef d'état major général, — Signé : O. Blot.

Paris, le 2 août 1881.

Le ministre de la guerre informe M. d'Amade, sous-intendant militaire de 1re classe à Alger, qu'il est désigné pour remplir les fonctions de son grade à Amiens sous les ordres de M. l'intendant militaire du 2e corps d'armée. Il se rendra à son nouveau poste sans pouvoir obtenir de sursis.

Cette lettre lui servira de titre dans l'exercice de ses fonctions.

Pour le ministre et par son ordre, le conseiller d'Etat, directeur des service administratifs. — Signé : V. Coulombeix.

SERVICE TÉLÉGRAPHIQUE.

Soukaras, le 12 octobre 1881.

Le général commandant le 19e corps prescrit aux officiers admis cette année à l'école de guerre, actuellement en campagne, de rester à leur corps ou à leur poste. Le ministre a décidé que leur rentrée à l'école n'aurait lieu qu'en novembre 1882; faites prévenir M. d'Amade, du 3e tirailleurs, en lui envoyant ce télégramme. — Le général commandant à Sétif lui prescrit de rester à sa compagnie. — Le commandant du cercle. — Signé : Le colonel, Vivensang.

Alger, le 12 novembre 1881.

Le Président de la société de tir d'Alger témoigne à M. d'Amade, sous-intendant militaire de 1re classe à Alger, membre actif de la société, les regrets que le conseil éprouve de le voir, par suite des nécessités du service, s'éloigner d'Alger; il le remercie sincèrement de la sympathie qu'il n'a cessé d'accorder à la société. Il est chargé par le conseil de lui annoncer qu'il a été nommé membre honoraire de la société. — Signé : Baron de Créty.

Amiens, le 29 novembre 1881.

M. A. Spuller, préfet de la Somme, accuse réception à M. d'Amade de sa lettre du 15 de ce mois. Il lui certifie qu'il prend le plus grand intérêt à sa nomination au grade de commandeur de la Légion d'honneur, pour lequel il figure seul candidat sur la liste de son grade. Il lui promet de faire une démarche personnelle à son prochain voyage à Paris pour recommander sa candidature à M. le Ministre de la guerre. — Signé : A. Spuller.

MINISTÈRE DE LA GUERRE.

Paris, le 10 décembre 1881.

Le ministre de la guerre informe M. d'Amade, Albert-Gérard-Léo, sous-lieutenant au 3e régiment des tirailleurs algériens, que par décret du 9 décembre 1881 il est promu au grade de lieutenant en remplacement de M. Longet, nommé capitaine. Par décision ministérielle du même jour, il est affecté à l'emploi de son grade, vacant dans le 143e de ligne. M. d'Amade, rejoindra sur le champ son nouveau corps en Tunisie.

Pour le ministre et par son ordre. Le général directeur. — Signé : de Launay.

M. d'Amade.

Paris, le 6 janvier 1882.

Par décret du 6 janvier 1882, qui sera prochainement inséré au Bulletin des lois, une pension viagère, montant à 6,000 francs, est accordée, en vertu des lois de 1831 et de 1878, à M. d'Amade (Adolphe), sous-intendant militaire de 1re classe en activité à Amiens, avec jouissance du 28 décembre 1881.

Extrait de la liquidation révisée par le conseil d'Etat et approuvée par le ministre : 41 ans, 1 mois, 8 jours de service et 18 campagnes : Soit 59 ans 1 mois et 8 jours de service. — Le minimum étant 4,500 fr.
Et pour 20 ans, en sus et plus 1,500

Montant de la pension maximum, 6,000 fr.
Vérifié, le sous-chef. — Signé : H. Magnin.
Le chef de bureau. — Signé : Béjot.
Le liquidateur. — Signé : Emile Leroy.

Amiens, le 15 janvier 1882.

L'Intendant militaire du 2e corps d'armée transmet à M. d'Amade, sous-intendant militaire de 1re classe, la notification de la pension de retraite à laquelle il est admis par décret du 6 janvier courant.

Il l'invite à remettre le service de la 1re sous-intendance à M. le sous-intendant militaire Cassan, et à lui accuser réception de ladite notification. — Signé : Seligmann-Lui.

Toulouse, le 7 février 1882.

M. Auguste de Naurois, oncle par alliance de M. d'Amade, Adolphe, et membre du conseil de direction de la caisse d'épargne de Toulouse, le prévient que l'assemblée des directeurs, convoquée à l'effet de remplacer M. Rossignol, son caissier, vient, dans sa réunion de ce jour, de le choisir et de le nommer *à l'unanimité* à ces fonctions — détails sur les bonnes dispositions de M. Louis Gèze et de M. de Sainte-Marie en faveur de M. d'Amade.

Le prévient qu'il l'attend pour le présenter à M. Fabre, président du conseil, et l'invite à visiter MM. les autres directeurs. — Signé : Auguste de Naurois.

Paris, le 11 février 1882.

Le ministre de la guerre informe M. d'Amade, Adolphe, sous-intendant militaire de 1re classe, en retraite à Toulouse, que par décret du 4 février 1882 il est nommé au grade de sous-intendant militaire de 1re classe dans la réserve de l'armée active et qu'il est placé au 16e corps d'armée (Place de Montpellier).

En cas de mobilisation, M. d'Amade se rendra à Montpellier, où il devra être arrivé le deuxième jour de la mobilisation avant midi. — La présente lui servira de titre dans l'exercice de ses fonctions et de feuille de route jusqu'à sa destination.

Pour le ministre et par son ordre, le conseiller d'état, intendant militaire, directeur des services administratifs. — Signé : V. Perrier.

MINISTÈRE DE LA GUERRE

Paris, le 16 mai 1882.

Le ministre de la guerre informe M. d'Amade, lieutenant au 143e de ligne, que, à la suite du concours qui a eu lieu en 1881 devant la commission spéciale désignée à cet effet, il est admis à suivre les cours de l'Ecole supérieure de guerre avec la promotion de 1882.

M. le lieutenant d'Amade ne cessera pas de compter à son corps; il est autorisé à amener son ordonnance avec lui. Il se présentera le mardi 31 octobre prochain, à midi, en tenue du jour, à M. le général commandant l'Ecole pour prendre ses ordres.

Pour le ministre et par son ordre le chef d'état major général. — Signé: Vuillemot.

Tunis, le 1er juin 1882.

Le général Forgemol, commandant le corps expéditionnaire de Tunisie, prévient M. d'Amade, sous-intendant militaire en retraite à Toulouse, que son fils Albert, lieutenant au 143e de ligne, était désigné pour la compagnie franche d'Aïn Drahim; mais qu'il n'a pas cru devoir l'y maintenir parce qu'il est élève de l'école supérieure de guerre, et qu'il est infiniment plus avantageux pour son avenir d'aller compléter ses connaissances militaires à cette école. — Signé: Forgemol.

Toulouse, le 12 septembre 1882.

M. l'intendant militaire en retraite Viguié, président de la société philanthropique de Saint-Martin, accuse réception à M. d'Amade, sous-intendant militaire de 1re classe en retraite, de ses états de service, le prévient qu'il est provisoirement admis dans la société, et lui fait parvenir, avec un exemplaire des statuts de ladite société, les renseignements relatifs à l'admission de ses membres. — Signé : Viguier.

Toulouse, le 13 mars 1883.

Extrait des procès-verbaux d'examen du baccalauréat ès-sciences complet, constatant que le sieur d'Amade, Bernard-Gérard-Jean-Louis-Pierre, né à Montauban (Tarn-et-Garonne) le 25 août 1863, s'est présenté les 5 et 13 mars 1883 devant la faculté des sciences siégant à Toulouse, pour subir l'examen du baccalauréat ès-sciences complet, qu'il a été soumis aux épreuves écrites et orales prescrites par le règlement du 25 mars 1865, et que le jury d'examen l'a déclaré digne du grade avec la mention passable.

Le Doyen de la faculté des sciences. — Signé : B. Baillaud.

Alger, le 31 mars 1883.

Le secrétaire des écoles d'enseignement supérieur d'Alger certifie que M. d'Amade, Bernard-Gérard-Jean-Louis-Pierre, a été reçu bachelier ès-lettres devant l'école supérieure des lettres d'Alger, le 18 novembre 1880. Le diplôme lui a été remis le 19 mars 1881. — Signé : L. Pin.

Paris, le 26 avril 1883.

Le président du conseil, ministre de l'instruction publique, vu le certificat d'aptitude au grade de *bachelier ès-sciences*, accordé le 13 mars 1883 par les professeur de la faculté des sciences de Toulouse, au sieur d'Amade, Bernard-Gérard-Jean-Louis-Pierre, né à Montauban (Tarn-et-Garonne) le 25 août 1863.

Accorde par suite au sieur d'Amade le diplôme de *Bachelier ès-sciences*, pour en jouir avec droits et prérogatives y attachés par les lois, décrets et règlements.

Signé : le Président du conseil, ministre de l'instruction publique, Jules Ferry.

Délivré par le Recteur de l'Académie de Toulouse. Le 15 mai 1883. — Signé : Perroud.

Pour expédition conforme : Pour le directeur de l'enseignement supérieur, le chef de bureau. — Signé : de Beauchamps.

Signature de l'impétrant : B. d'Amade.

Toulouse, le 12 octobre 1883.

M. Schérer, sous-intendant militaire de 1re classe, fait connaître à M. d'Amade, sous-intendant militaire en retraite, que Bernard d'Amade est définitivement admis à Saint-Cyr ; son numéro ne peut être encore connu, mais les derniers résultats ne peuvent pas changer ses bonnes chances. — Signé : Schérer.

Paris, le 13 octobre 1883.

M. de Panafieu, directeur de la comptabilité et du contrôle au ministre de la guerre, annonce aussi que rien n'est arrêté, quant à la liste ; mais Bernard d'Amade et son ami Guilbert de Latour seront reçus dans de bonnes conditions. En ce qui concerne la bourse et le trousseau, il sera fait le nécessaire ; mais il serait bon aussi de s'adresser au général Boulanger.

A Saint-Cyr, l'ancien de Panafieu aidera, de son mieux, le nouveau Bernard d'Amade. — Signé : de Panafieu.

Paris, le 19 octobre 1883.

Le ministre de la guerre a nommé élève boursier avec trousseau, à l'école spéciale militaire, M. d'Amade, Bernard-Gérard-Jean-Louis-Pierre, porté le n° 60 sur la liste de classement, établie par le jury d'admission institué en vertu du décret du 18 janvier 1882.

Cet élève sera reçu par le général commandant l'école sur la présentation de cette lettre, s'il remplit les conditions voulues ; s'il ne les remplissait pas et s'il ne s'était pas présenté dans le délai fixé, c'est-à-dire le 31 octobre courant, sa nomination serait annulée.

Pour le ministre et par son ordre. Le général directeur. — Signé : Boulanger.

ÉCOLE SUPÉRIEURE DE GUERRE

CERTIFICAT D'ORIGINE DE BLESSURE

Paris, le 15 janvier 1884.

Trois témoins certifient que le sieur d'Amade, Albert-Gérard-Léo, lieutenant du 143° de ligne, détaché à l'école supérieure de guerre n° 475, a été blessé le 7 janvier 1884 dans un service commandé.

Chute de cheval, sur le bras droit, au manège. — Signé : de Lagarenne, Néraud, Xardel.

Paris, le 7 janvier 1884.

Les membres du conseil d'administration de l'école supérieure de guerre certifient que les signatures des témoins de Lagarenne, capitaine écuyer ; Néraud, capitaine au 109ᵉ d'infanterie, et Xardel, lieutenant au 27 d'infanterie, sont authentiques.

Le médecin principal de 1re classe Vauthier, certifie que M. d'Amade, Albert, a eu le coude droit luxé dans une chute de cheval au manège (Séance du 7 janvier 1884), et que cette luxation a été réduite presque immédiatement après l'accident; il certifie, en outre, que cette lésion traumatique était compliquée d'un épanchement sanguin considérable dans les parties molles environnant l'articulation. — Signé : Vauthier.

Le sous-intendant militaire. — Signé : Mounier.

MINISTÈRE DE LA GUERRE.

Paris, le 8 février 1884.

Le ministre de la guerre informe M. le général commandant l'école supérieure de guerre, que conformément à sa proposition du 29 janvier, M. d'Amade, lieutenant au 143ᵉ de ligne, est autorisé à faire gratuitement usage, à l'hôpital militaire du Val-de-Grâce, de 20 douches nécessitées par son état de santé.

M. le directeur du service de santé du Gouvernement de Paris est chargé, par dépêche de ce jour, de prescrire les mesures nécessaires pour l'exécution de cette disposition, je vous prie d'en donner avis à M. d'Amade.

Pour le ministre et par son ordre et par délégation spéciale. Le Sous-Directeur. — Signé : Dehau.

Paris, le 5 mars 1884.

Le ministre de la guerre informe M. d'Amade (Adolphe), sous-intendant militaire de 1re classe, affecté comme sous-intendant de réserve à la place de Montpellier, que par décision du 1er mars 1884 il est placé au 17e corps d'Armée (Place de Toulouse). M. d'Amade devra être rendu à Toulouse le deuxième jour de la mobilisation. Cette lettre lui servira de titre pour l'exercice de ses fonctions et de feuille de route jusqu'à cette destination.

Pour le ministre et par son ordre. L'intendant général directeur. — Signé Gaffiot.

Mauzac, le 18 avril 1884.

Lettre de M. le Vicomte de La Hitte, annonçant la mort de sa cousine Madame Marie Delpech, veuve de Villèle. — Décédée presque subitement le 17 avril 1884 au soir. — Elle était fille de M. Théodore Delpech et de Madame Joséphine de Saint-Jean. — Elle laisse deux enfants, Jeanne, mariée avec M. Charles de Lagausie, et Ludovic de Villèle. La famille de Charles de Lagausie comprend plusieurs enfants des deux sexes.

La Haye, le 14 juillet 1884.

M. le capitaine Beyermann, aide-de-camp de S. A. R. le Prince Alexandre des Pays-Bas, envoie à M. d'Amade, sous-intendant militaire en retraite à Toulouse, la photographie du Prince Alexandre, prise sur son lit de mort, et lui annonce que la cérémonie funèbre aura lieu le 17 juillet. Il lui demande de lui conserver un bon souvenir. — Signé : Beyermann.

ÉCOLE SUPÉRIEURE DE GUERRE

ORDRE

Paris, le 1er août 1884.

En exécution des ordres de M. le Ministre de la guerre, en date des 30 avril et 1er mai, il est prescrit à M. le lieutenant d'Amade, détaché à l'école supérieure de guerre, de partir de Paris le 3 août, pour aller exécuter le levé topographique qui lui est assigné.

Pendant la durée de ce levé, M. le lieutenant d'Amade s'établira à Verzenay; il fera partie du groupe dirigé par M. le commandant Rigollet, établi à Reims.

Les autorités civiles et militaires sont invitées à lui prêter aide et assistance et à lui faciliter le moyen d'exécuter le travail dont il est chargé.

Le Général commandant l'Ecole. — Signé : Allan.

Saint-Cyr, le 21 août 1884.

Le général Deffis, commandant l'Ecole spéciale

militaire, informe M. d'Amade, Bernard, n° matricule 6,514, élève de première année, que conformément au décret du 18 janvier 1882, il a été déclaré admissible dans la section de cavalerie par le jury spécial, et que son admission définitive sera prononcée par M. le Ministre de la guerre en raison du classement de passage en 1re division. — Signé : Deffis.

Saint-Cyr, le 9 septembre 1884.

Le général Deffis, commandant l'Ecole spéciale militaire, dans les notes qu'il adresse au père de l'élève Bernard d'Amade, n° matricule 6,514, le prévient que son fils a été admis dans la section de cavalerie et qu'il est nommé élève de 1re classe.

Pour le général commandant l'école, le colonel commandant en second. — Signé : Rousset.

La Flèche, le 8 octobre 1884.

L'inspeteur des études au Prytanée militaire certifie que M. d'Amade (Albert-Gérard-Léo), lieutenant d'infanterie, détaché à l'école supérieure de guerre, a suivi au Prytanée militaire, où il était immatriculé, sous le n° 4,094, les classes de 6e, 5e, 4e, 3e et 2e. Entré au Prytanée le 1er août 1872, M. d'Amade, en est sorti pour aller au Lycée de Lorient, se préparer à l'école Navale. Devenu au mois d'octobre 1874 élève de l'école militaire de Saint-Cyr, il en est sorti au mois d'août 1876. — Signé : Léon Paris.

Lorient, le 20 octobre 1884.

Le proviseur du Lycée de Lorient certifie que le jeune d'Amade (Albert-Gérard-Léo) est entrée dans cet établissement le 1er octobre 1872, qu'il y a suivi avec assiduité les cours des classes de marine et de Saint-Cyr, jusqu'au mois d'août 1874, époque à laquelle il fut admis à l'école spéciale militaire de Saint-Cyr avec le n° 29. Il certifie, en outre, que sa conduite, son assiduité et ses progrès furent marqués ; qu'il obtint le diplôme de bachelier ès-sciences (Rennes) le 17 avril 1874, et le 1er prix de mathématiques au grand concours académique de la même année. — Signé : Boulin.

Limoges, le 25 décembre 1884.

M. H. Maurou Ballange, ancien conseiller à la cour de la Haute-Vienne, annonce à M. d'Amade la mort de M. l'intendant militaire en retraite Tournois, mari de Mademoiselle Odonie Tané, cousine germaine de Madame d'Amade, mort survenue subitement entre les bras de sa fille, le 24 décembre, à 10 heures du matin, à Limoges. M. Tournois sera inhumé à Bellac, son pays natal. — Signé : Maurou Ballange.

Lettres diverses de M. le comte de Sainte-Suzanne, exprimant à M. d'Amade le bon accueil fait par M. le comte de Chambord aux vœux portés aux pieds de Monseigneur et de Madame, à l'occasion du renouvellement de l'année ou de la Saint-Henri. — Ces lettres portent les dates suivantes :

Goritz, le 26 janvier 1876.
Château d'Escung (Marne), le 25 juillet 1876.
Château de Saint-Georges, le 22 janvier 1877.
Paris, le 15 janvier 1878.
Château d'Escung (Marne), 15 janvier 1879.
Froshdorff, le 20 juillet 1879.
Château de Saint-Georges, le 16 février 1880.
Château d'Escung (Marne), 25 janvier 1881.
Château de Saint-Georges, le 7 août 1881.
Paris, le 12 janvier 1882.

MINISTÈRE DE LA GUERRE.

ÉTAT-MAJOR GÉNÉRAL.

Bureau du Personnel du Service d'État-Major.

Paris, le 21 janvier 1885.

M. d'Amade, lieutenant breveté au 143e régiment d'Infanterie, est informé qu'il est désigné pour servir en qualité d'officier d'ordonnance auprès de M. le général de division Lewal, ministre de la guerre.

Il continuera de compter à son régiment. Cette désignation datera du 11 janvier courant. Cette lettre lui servira de titre dans l'exercice de ses fonctions.

Le ministre de la guerre.
Pour le ministre et par son ordre.
Le général chef d'Etat major général, chef du cabinet. — Signé : Ch. Warnet.

MINISTÈRE DE LA GUERRE.

ÉTAT MAJOR

Bureau du personnel du service d'État-major.

Paris, le 29 mars 1885.

Le ministre de la guerre informe M. d'Amade (Albert-Gérard-Léo, lieutenant breveté du 143e régiment d'infanterie de ligne, officier d'ordonnance de M. le général Lewal, ministre de la guerre, que par décret du 29 mars 1885 il est promu au grade de capitaine au 108e régiment d'infanterie de ligne en remplacement de M. Reynaud, admis à la retraite.

Il rejoindra sur le champ son nouveau corps à Bergerac (Dordogne).

Cette lettre de service lui servira de titre dans l'exercice de ses fonctions.

Paris, le 29 mars 1885. — Pour le ministre et par son ordre. — Le chef d'état major général, chef du cabinet. — Signé : A. Warnet.

France militaire du 16 août 1885, n° 427.

Par décision ministérielle du 4 avril 1885, M. d'Amade, capitaine breveté au 108e de ligne, officier d'ordonnance de M. le général de division Lewal, ministre de la Guerre, a été désigné pour servir en qualité d'officier d'ordonnance auprès de M. le général Mimier, appelé au commandement d'une brigade du corps expéditionnaire du Tonkin.

MINISTÈRE DE LA GUERRE

2ᵉ DIRECTION

Bureau de la Cavalerie.

Paris, le 15 septembre 1885.

Le ministre de la guerre informe M. d'Amade (Bernard-Gérard-Jean-Louis-Pierre), élève de l'école spéciale militaire (section de cavalerie), que, par décret du 11 septembre 1885, il est promu au grade de sous-lieutenant, élève de cavalerie, pour prendre rang du 1ᵉʳ octobre 1885.

Il devra être rendue le 1ᵉʳ octobre prochain à l'école d'application de cavalerie, à Saumur, et aura droit, à partir de cette époque, à la solde fixée par l'article 33 du règlement du 8 juin 1883.

Paris, le 15 septembre 1885.

Pour le ministre et par son ordre.

Le général directeur, signé : Jacquemin.

A M. d'Amade, élève de l'école spéciale militaire, en congé à Toulouse, 20, rue Riguepels.

RENSEIGNEMENTS OFFICIELS

RELATIFS

Aux Familles du Barry, de Faudoas de Séguenville, de Linas.

Explications relatives aux liens de Parenté de la Famille Amade avec ces Familles.

Noble Pierre de Linas, père de Demoiselle Jeanne de Linas, était fils de Demoiselle Jeanne-Marie du Barry.

Jeanne de Faudoas était mère de Demoiselle Jeanne de Linas, et Demoiselle Jeanne de Linas, mariée à Guillaume Amade, est mère de Bernard-Joseph Amade.

Les armes de la Famille du Barry étaient : d'argent au chef cousu d'or. Les armes de la Famille de Faudoas de Séguenville étaient : écartelé d'azur à la croix d'or qui est de Faudoas, d'azur à trois fleurs de lis d'or qui est de France, en vertu de concessions royales.

5 août 1561.

Echange de vignes entre Hélie del Barry et Pierre Daude, tous deux habitants de Finhan.

8 août 1576.

Achat d'une pièce de terre située à Camperdut, fait par Bernard et Hélie du Barry frères, habitants de Finhan, aux frères François et Bernard Serres, dudit lieu, par ministère de Castaing, notaire royal à Finhan.

Du 10 octobre 1577.

Donation entre vifs faite par Bernard de Hautteserre, prêtre, habitant de Finhan, en faveur de Jean Guèye, prêtre, habitant dudit lieu.

4 septembre 1581.

Testament de Bernard de Hautteserre, prêtre, habitant de Finhan, en faveur des héritiers de Jean Guèye, prêtre dudit lieu.
Jean Guèye était l'oncle maternel de Jeanne-Marie du Barry. — Cette dernière a été l'héritière de la famille Guèye et du Barry.

17 janvier 1582.

Echange de terre entre Hélie du Barry et Jean Anglas, cordier, tous deux habitants de Finhan, par ministère de Castaing, notaire royal à Finhan.

Le 6 février 1585.

Achat de terres par les deux frères : nobles Bernard et Hélie, du Barry, habitants de Finhan, à Antoine Casfilh, par ministère de Castaing, notaire royal à Finhan.

7 octobre 1585.

Echange de terres entre noble Hélie du Barry, habitant de Finhan, et Pierre Laurens, laboureur du même lieu.

1ᵉʳ avril 1586.

Testament de noble Hélie du Barry, de la religion réformée, en faveur de Tobie du Barry, son fils unique, avec réversibilité, en cas de mort de ce dernier sans enfants légitimes, sur la tête de son frère Bernard du Barry.

5 mars 1606.

Baptême de Jeanne-Marie du Barry, fille de noble Tobie du Barry et de Jeanne de Gueye. Parrain, noble Amade du Barry ; marraine, Jeanne de La Barde, femme dudit Amade du Barry.

29 novembre 1644.

Baptême de Pierre de Linas, fils de noble Nicolas de Linas et de Demoiselle Jeanne-Marie du Barry. Le parrain fut noble Pierre de Gizard, seigneur de Saint-Cric, et la marraine demoiselle Françoise de Linas.

13 novembre 1648.

Clauses du mariage entre messire noble Pierre-Jean de Faudoas, seigneur de Séguenville, fils de feu noble Henri de Faudoas, seigneur dudit lieu ; avec demoiselle Lucresse de Roquemaurel, fille de noble Octavien de Roquemaurel, conseigneur de Suis, seigneur de Montagut, et baron de Costansar, et de Demoiselle de Sirgand. Ont signé au contrat : Messire Pierre de Sirgand, seigneur vicomte Drosse ; noble Marc-Antoine Dounac, seigneur de Lusquenat ; noble Jean de Faudoas ; Jean-Blaise de Benque ; Pierre Dounac, seigneur de Saint-Martin.

11 avril 1666.

Accord de Demoiselle Jeanne du Barry, veuve de noble Pierre de Malgost, mariée en secondes noces à noble Pierre de Linas, avec son fils du premier lit, René de Malgost, héritier de ses frères Guillaume et Jacques de Malgost et de sa fille du premier lit, Jeanne de Malgost, mariée avec le sieur de Vidal.

Toulouse, le 12 février 1674.

Les présidents trésoriers-généraux et grands voyers de France au bureau des finances de la généralité de Toulouse, chevaliers-conseillers du Roi, juges du domaine, constatent que ledit jour des présentes, dans leur bureau, ils ont procédé, conformément à l'ordonnance du 2 août 1673, à la réception de foi, hommage et fidélité du sieur Pierre Linas, comme procureur fondé de demoiselle Jeanne Marie du Barry, veuve du sieur de Linas, sa mère. Ledit sieur Pierre Linas, assisté de Hortade, procureur au bureau, a dit être venu exprès pour rendre à Sa Majesté foi, hommage qui lui sont dus à raison de ce que ladite Demoiselle Dubarry jouit et possède noblement une métairie de 40 arpens, sise dans la juridiction de Montech, terroir nommé de la Bernauze, diocèse bas Montauban, sénéchaussée de Toulouse, sous l'albergue d'un sol huit deniers par arpent, qu'elle fait à Sa Majesté, sauf à pouvoir augmenter ou diminuer suivant le cas et soit pour ne en rien se préjudicier. Ouï sur ce le Procureur du Roi au bureau, qui leur a dit n'entendre empêcher que par eux ne soit procédé aux dits foi hommage à la charge de bailler par advis et dénombrement dans quarante jours ladite métairie, justifiée de vallants titres, et tout incontinent ledit sieur de Linas, comme procède, à génoux, tête nue, sans gants, ceinture, épée ni éperons, les mains mises sur le *Te-Igitur*, croix du livre missel, a promis d'être et demeurer toujours le très-humble, très-obéissant et très-fidèle serviteur, sujet et vassal de Sa Majesté, et ne se distraire jamais de son obéissance et seigneurie, et de dénoncer les entreprises qui viendront à sa connaissance contre son état et personne, desquels foi, hommage reçus par eux, ont ordonné l'inscription sur le registre, sous la réserve faite par ledit procureur du

Roi au bureau; en témoignage de quoi ils ont signé et fait expédier les présentes pour servir à la dite Dubarry ainsi que de raison. — Signé : Maze, Cassaignau, Daguin.

18 février 1683.

Clauses du contrat de mariage de noble Pierre de Linas, fils de Nicolas de Linas et de Demoiselle Jeanne-Marie du Barry, fille de noble Tobie du Barry et de Dame Jeanne de Gueye, seigneur de Finhan, assisté du sieur Réné de Malgost, frère utérin du futur, et de M. François Fauré, son beau-frère,

Avec Demoiselle Marie de Beryes, fille de Jean-Pierre de Beryes, et de Demoiselle Marguerite de Colbet.

3 juin 1686.

Testament de Demoiselle Marie de Beryes, épouse de noble Pierre de Linas, seigneur de Joye, en faveur de Marguerite de Colbet, sa mère, veuve du sieur Pierre de Beryes, pour lesdits biens être transmis à Demoiselle Marguerite de Linas, sa fille, à ses enfants après elle, et à défaut aux seigneurs de Joye.

5 janvier 1693.

Clauses du second mariage de noble Pierre de Linas, seigneur de Joye, habitant de Finhan du diocèse de Montauban, fils de feu Nicolas de Linas et de Demoiselle Jeanne-Marie du Barry, avec Demoiselle Blanche Délama, fille de noble Jean Délama, major pour

Sa Majesté de la ville de Charlemont sur Meuse, et de Demoiselle Jeanne de Cazelle, habitants de Bouillac, diocèse de Toulouse.

10 septembre 1694.

Clauses du troisième mariage de noble Pierre de Linas, écuyer, fils de feu noble Nicolas de Linas et de feu Demoiselle Jeanne-Marie du Barry, assistés de noble Jean de Larroche, sieur de Latrinque, habitant de Toulouse, et de noble François de Malgost, seigneur de Rensijac ; avec Demoiselle Anne de Busquet, habitante de Villemur, fille de noble Pierre de Busquet, sieur de Fontlongue et de Demoiselle Anne de Pagès, assistés de Messire Jacques Vaquié, conseiller du roi, lieutenant de la judicature de Villelongue, siège de Villemur, son beau-frère, et du sieur Jean-Jacques de Pagès, seigneur de Beaufort, son oncle maternel.

22 février 1706.

Lettre datée de Montechiaro, écrite par M. le colonel comte d'Angennes, du régiment royal la Marine, à Messire l'abbé Faudoas de Séguenville, vicaire général de la Cathédrale de Montauban, auprès de Monseigneur d'Haussonville de Vaubecourt, pour lui annoncer la mort de son frère, le chevalier de Faudoas de Séguenville, décédé à l'armée d'Italie, et pour lui annoncer que messire de Roquemaurel, son cousin, est appelé à prendre le commandement de sa compagnie.

27 février 1706.

Lettre écrite par messire le comte d'Estaing à messire l'abbé de Faudoas de Séguenville, vicaire général de la cathédrale de Montauban, auprès de Monseigneur François d'Hausonville de Vaubecourt, pour lui annoncer la mort du Chevalier de Faudoas de Séguenville, son frère, capitaine au régiment royal la Marine.

NOTICE CHRONOLOGIQUE

SUR LA FAMILLE DE FAUDOAS

SEIGNEURS DE SÉGUENVILLE.

Leur origine la plus sûre remonte à l'acte de juin 1260

Béraud, Ier du nom, chevalier-seigneur de Faudoas, Hauterive, Sarrant, Cadours, etc.

De son mariage avec Alix de Bordeaux il acquit, par donation en juin 1260, ses droits sur les châteaux de Sarrant et de Cadours.

Alix de Bordeaux était fille de Pierre de Bordeaux et de Longuebrune de Maurens.

De leur mariage naquit :

Bertrand Ier, chevalier-seigneur de Faudoas, Hauterive, Avenzac, Cadours, Sarrant, Drudas.

Il épousa le 4 novembre 1269 à Montech ou Montogio, Philippe III roi de France régnant, Alphonse étant comte de Toulouse et R. évêque, Demoiselle Seguine de Sabousiès, fille de Hugues de Sabousiès, seigneur de Cauze et d'Ardisac, et de Réale de Montech, dame de Lévignac.

De leur mariage naquit :

Béraud de Faudoas, damoiseau, seigneur d'Avenzac,

héritier universel de son aïeule maternelle Réale de Montech (Montogio) en vertu d'un testament en date du 2 février 1303.

Béraud de Faudoas, seigneur d'Avenzac, épousa Demoiselle Bertrande de Vicmont, fille de Pierre de Vicmont, seigneur de Tournecoupe.

De ce mariage naquit :

Bertrand de Faudoas, seigneur d'Avenzac.

Bertrand de Faudoas épousa en 1322 demoiselle Jeanne de Preissac, fille de Raymond-Arnaud de Preissac, chevalier, seigneur de Brignemont et Marsac, et de Marie de Durfort. (Marie de Durfort était elle-même fille de Bertrand de Durfort, chevalier, seigneur de Deime, de la maison des maréchaux de Duras et de Lorge.)

De ce mariage naquit :

Béraud de Faudoas, seigneur de Sarempoüy et de Séguenville; Béraud de Faudoas fut émancipé à Toulouse par acte du 27 janvier 1339 à l'âge de 16 ans, il épousa en premières noces Luce de Castanet, par contrat passé le 17 février 1355 au château de Castanet en Rouergue. Luce de Castanet était fille de Géraud, seigneur de Castanet, sœur d'Anselme, dit Anselin de Castanet. Le lendemain, au même château, Bertrand de Faudoas, chevalier seigneur d'Avenzac, donna à Béraud, chevalier, généralement tous ses biens, dont il conserva l'usufruit pour lui et sa femme Jeanne de Preissac, à laquelle fût attribué le château d'Avenzac.

Béraud de Faudoas fut marié en secondes noces avec Demoiselle de Faynde ou Faxide de Sarempoüy, fille et héritière de Pierre, seigneur de Sarempoüy, chevalier, ainsi que l'explique la procuration du 1er juillet 1364 à son frère Bertrand de Faudoas, pour ratifier ses conventions matrimoniales.

Du premier lit naquit Réale de Faudoas, héritière de Guyon de Castanet, son cousin germain, fils d'Anselme, son oncle maternel, seigneur de Castanet, du diocèse de Rodez; elle épousa noble et puissant seigneur Pierre d'Armagnac, chevalier. Pierre d'Armagnac rendit, tant en son nom qu'au nom de son fils Arnaud d'Armagnac, pour ses seigneuries, hommage en toute justice au roi Charles VI à Villefranche, le 17 juin 1399. De cette union sont descendus de mâle en mâle les seigneurs de Castanet et de Tauriac.

Du second lit naquirent :

1° Jean de Faudoas, 1er du nom de la branche d'Avenzac, damoiseau, conseigneur de Plieux et de l'Isle-Bozon, et Béraud de Faudoas, qui est le chef de la branche des seigneurs de Sarempoüy et de Seguenville;

2° Béraud de Faudoas, damoiseau, chef de la branche des seigneurs de Sarempoüy, de Seguenville, conseigneur de Brigemont, qui était donc fils de Béraud II, seigneur d'Avensac, et de Fayxide de Sarempoüy, sa seconde femme. Il porte dans les actes le nom de senior, pour le distinguer de Béraud de Faudoas, son neveu, dont il signa le contrat de mariage l'an 1427. Ce neveu, dans les actes, est qualifié du nom de Béraudou, c'est-à-dire Béraud jeune.

Béraud de Faudoas senior, étant devenu propriétaire de la terre de Séguenville par suite de partage, il devint seigneur de Seguenville, de Sarrempoüy et conseigneur de Brignemont; il en fit hommage à Jean, comte d'Armagnac, le 10 octobre 1418, par suite de son mariage avec Magne de Brugimont, ou par corruption de Brignemont, dame de Seguenville et de Brignemont. Béraud de Faudoas devint seigneur des mêmes terres en vertu de la procuration de sa femme, signée au château de Seguenville le 10 septembre 1427, devant Vital Sentolli, notaire de Solomiac, à l'effet de rendre hommage au comte d'Armagnac de toutes les terres nobles et autres qu'elle possédait dans les vicomtés de Gimois et de Fezensaguet.

Magne de Brugimont était fille de Raymond Jordain, seigneur de Brignemont et de P. d'Esparbès. Elle était le 3 octobre 1392 mineure de 12 ans, et majeure de 25 ans dans une procuration délivrée à sa mère. Le 22 octobre 1466 elle vendit le sixième de la terre de Brignemont, comme veuve, à son cousin par alliance, le baron Jean II de Faudoas et de Barbazan. Elle était alors fort âgée. Par son testament elle élut sa sépulture dans l'église Saint-Michel de Brignemont. Le seul enfant issu du mariage de Béraud de Faudoas avec Magne de Brugimont fut Jean de Faudoas, 1er du nom, de la branche de Sarempoüy et de Seguenville, conseigneur de Brignemont.

Jean de Faudoas, 1er du nom, seigneur de Seguenville de Sarempoüy et conseigneur de Brignemont, était fils de Magne de Brugimont ou Brignemont et de Géraud Ier, damoiseau, seigneur de Seguenville, de Sarempoüy et conseigneur de Brignemont.

Il n'a pas été possible de trouver les actes relatifs

à son alliance. On présume cependant que c'est le même noble Jean de Faudoas qui ne prend pas de titre dans un acte que lui et noble Séguine de Glatens, son épouse, ont signé le 22 novembre 1433 devant Guillaume Morsan, à l'effet de faire cesser des rentes féodales dues à noble Béraud Dangéreux, conseigneur de Colomiès. Quoi qu'il en soit, il est bien certain que Jean de Faudoas Ier eut quatre enfants : Michel de Faudoas, seigneur de Sarempoüy, Jean de Faudoas, Antoine de Faudoas et Bertrand de Faudoas. Une procuration du 4 septembre 1474, délivrée, par Jean à son frère Antoine, à l'effet de parvenir à la jouissance de sa légitime provenant de la succession de son père et de sa mère, témoigne de la filiation ci-dessus établie.

Michel de Faudoas, écuyer, seigneur de Serempoüy, de Séguenville et de Brignemont en partie, fils aîné de Jean, 1er de nom, est signalé par les actes et procès contatant ses démêlés avec Jean III, baron de Faudoas et de Barbazan, au sujet de la terre de Brignemont, dont ils jouissaient l'un et l'autre en paréage. Le 9 septembre 1474 survint un compromis pour terminer leurs différends.

Le 14 avril 1485 un nouveau procès fut intenté par les deux frères Michel et Antoine de Faudoas, ainsi que Odet de Lomagne, seigneur de Terride, tous trois conseigneurs de Séguenville, contre Jean de Faudoas, seigneur de Cabanas, au sujet d'un bois dit : de la Combe del Sérisié, qu'ils prétendaient être de la justice de Séguenville.

Le 4 juillet 1486 Michel devint seul seigneur de Seguenville par l'échange qu'il fit, au château de Péneville ou de Terride, diocèse de Montauban, avec Odet de Lomagne, baron de Terride, qui lui céda tous les droits qu'il avait sur la terre de Seguenville, en échange de tous les droits dont jouissait Michel de Faudoas sur la terre de Brignemont et de Saint-Etienne.

Il donna des coutumes et privilèges à ses vassaux de Séguenville le 3 décembre 1488.

Il s'allia à une très-noble et très-ancienne maison par son mariage avec Demoiselle de Grossoles, fille d'Etienne de Grossoles, seigreur de Caumont, diocèse de Lectoure.

Jean François de Polastron de la Hillière, dans les preuves qu'il présenta en 1557 au prieuré de Toulouse, pour être reçu à l'ordre de Saint-Jean de Jérusalem comprend dans un de ses quartiers la famille de Grossoles. La dame de Seguenville, née de Grossoles, devait être la sœur de Marguerite de Grossoles de Caumont, veuve le 8 mars 1519 de noble et puissant messire Bertrand du Bouzet, chevalier seigneur du Castera.

Michel de Faudoas, de Seguenville, testa le 21 octobre 1501. Il eut sept enfants : Jean, Bertrand, Blaise, Senhoret, Charles, Jeanne, épouse de Bernard de Mauléon, seigneur de la Bastide, diocèse de Lombéz, d'où Denis de Mauléon, époux de Marguerite d'Esparbès de Lussan et père de Jean-Jacques de Mauléon, chevalier de l'ordre de Saint-Jean de Jérusalem, et Marguerite de Faudoas, qui épousa Sans-Garcie de Polastron, seigneur de la Hillère, le 18 juillet 1496, à l'Isle en Jourdain, par devant Pierre Foressis, notaire de cette ville.

Jean de Fandoas était sourd et muet ; il finit ses

jours auprès de son frère Bertrand, qui devint seigneur de Sarempoüy. Charles de Faudoas devint seigneur de Seguenville, et continua la lignée ; Blaise fut curé de Cologne et chanoine de Lombez de 1516 à 1521 ; Sênhoret, conseigneur de Cologne et chanoine de Lombez.

Charles de Faudoas, seigneur de Séguenville, continua la lignée des seigneurs de Séguenville. Il était le cinquième fils de Michel de Faudoas, seigneur de Sarempoüy, marié avec demoiselle N. de Grossoles. Il servait le 4 juin 1521 en Italie, lorsqu'il obtint de Charles, duc d'Alençon, pair de France, comte d'Armagnac, par lettre datée de l'Isle en Jordain un délai de 3 mois pour lui rendre hommage de la terre de Seguenville qu'il avait reçue en partage ; mais Georges de Lomagne, baron de Terride prétendait que cette terre était de sa mouvance. Blaise de Faudoas, chanoine de Lombez, soutint les droits de son frère, et le 25 août 1521, à Lavit, en présence des intéressés, devant Jacobi, notaire de la Mothe près de Beaumont, sommation fut faite au seigneur de Seguenville d'avoir à produire la justification de ses droits seigneuriaux sur la terre de Seguenville, et la réquisition fut rédigée à l'effet de sommer le baron de Terride, Georges de Lomagne, à lui déclarer quel hommage son père s'était réservé et d'avoir à le défendre tant contre le comte d'Armagnac que contre ses officiers.

Charles de Faudoas épousa Marie de Gière, fille de Jean de Gière, seigneur de Saint-Avent et d'Aries, époux d'Aubriette de Lortet. Les conventions matrimoniales portent la date de 1524. Elles furent converties en acte public par Bernard de Vesin, notaire de Castelnau de Magnoac, au lieu de Lortet, diocèse de Comminge ; étaient présents : messire Guillaume de Castelbajac, protonotaire du Saint-Siège, Menaud de Castelbajac, Jean de Binos, seigneur de Visa, Senhoret de Faudoas, chanoine de Lombez, le seigneur de la Hillère et Philippe de Sariac. Marie de Gière était d'une noble et ancienne maison de Gascogne qui prenait son nom de la terre de Gière ou la Mothe-Gière, du vicomté de Fesinsaguet. Antoine de Gière fit hommage au comte d'Armagnac le 1er mars 1421. Une autre fille de cette maison était entrée dans la branche de Faudoas d'Avensac. Charles de Séguenville eut de ce mariage : Corbeyran de Faudoas, qui continue la lignée des Séguenville, Aubriette de Faudoas qui épousa, le 30 septembre 1548, Savarie de Mauléon, seigneur de Barbazan, gouverneur de Saint-Béat, d'où : Géraud de Mauléon, gouverneur du château de Fronsac en Comminge, et Gabrielle de Mauléon, femme de Alexandre de Mun de Cardaillac, baron de Sarlabouc, père de Jean de Mun, chevalier de Malte, dans les preuves duquel fut comprise sa grand mère Aubriette de Faudoas ; la troisième enfant de Charles de Faudoas fut Catherine, mariée le 14 avril 1557, au château d'Aries, en Magnoac, diocèse d'Auch, à Augé de Lavedan, baron de Montégut en Armagnac. La famille de Lavedan comptait dans ses membres Jeanne de Lavedan, mariée à Gaston du Lion, seigneur de Malauze, l'un des favoris du roi Louis XI, dont la fille unique Louise du Lion, épousa Charles fils naturel de Jean II, duc de Bourbon, d'où sont descendus les marquis de Malauze et les seigneurs de Bazian.

Corbeyran de Faudoas, écuyer, seigneur de Séguenville, Aries et Saint-Avent; était mineur quand son père mourut en 1530, il eut pour tuteur son oncle Senhoret de Faudoas, chanoine de Lombez; et après la mort de ce dernier il fut sous la tutelle de Guy de Faudoas, seigneur d'Avenzac, son cousin, assisté de Bertrand de Lortet et de Rollet-Dangéreux, seigneur de Sère.

Le seigneur d'Avenzac fit aveu pour lui de la terre de Séguenville au roi de Navarre en la personne d'Antoine de Rochechouart, seigneur de Saint-Amans, baron de Faudoas, sénéchal de Toulouse. Le certificat constatant les droits seigneuriaux de Corbeyran de Faudoas sur la terre de Séguenville est daté de Faudoas, du 27 novembre 1544, et signé Bertrand Ysaugier, lieutenant.

Corbeyran de Faudoas fut marié le 10 mai 1552 à Demoiselle Catherine de Béon, fille de Jean de Béon, vicomte de Sère et de Marguerite Izalguier de Clermont, dame du Vernet, sa deuxième femme.

La famille de Béon est une des plus anciennes et des plus distinguées de province. Le 19 novembre 1204 Raymond Roger, comte de Foix, prend la qualité d'oncle d'Arnaud-Guillem, seigneur de la vallée de Béon; Philippe de Béon est capitaine et gouverneur du pays de Foix en 1204; Jean de Béon, son petit-fils, était abbé du Mas-d'Azil le 3 novembre 1260. Pierre de Béon, seigneur de Sère, donna des coutumes aux habitants de Sère en avril 1304; Guillaume de Béon était chevalier de Saint-Jean de Jérusalem en 1314 ; Pierre ou Pey de Béon, vicomte de Sère, vivait en 1418 ; Raymond Arnaud de Béon était évêque d'Oléron de 1501 à 1518, il fut le tuteur de Jean de Béon en 1503, Jean de Béon était fils de Pey de Béon et de Jeanne d'Ornezan d'Auradé et neveu de Raymond Arnaud, évêque d'Oléron. Dans des lettres du 5 juin 1566, le prince Gaston de Navarre, comte de Foix, qualifie Pierre ou Pey de Béon du titre de cousin. La famille de Béon avait les mêmes armes que la famille de Béarn : *d'or à deux vaches de gueules passantes l'une sur l'autre accornées, clarinées et onglées d'azur.*

Jean de Béon, vicomte de Sère, épouse en premières noces Jeanne de Foix, dame de Miglos, et en secondes noces Marguerite Izalguier de Clermont, dame de Vernet, veuve d'Arnaud de Castelbajac, seigneur de Roüède.

Du premier lit naquirent : Bastien de Béon vicomte de Sère, Bernard de Béon, seigneur de Ricau.

Du second mariage avec Demoiselle Marguerite Izalguier, Jean de Béon eut cinq enfants : un fils François de Béon, seigneur de Ballebats, et quatre filles. Parmi ces dernières se trouve, comme aînée, demoiselle Catherine de Béon ; c'est elle qui fut mariée le 10 mai 1552 au château de Sère en Astarac, à Corbeyran de Faudoas, seigneur de Séguenville, Aries et Saint-Avent.

Marguerite Izalguier, mère de Catherine de Béon, avait eu de son premier mariage avec Arnaud de Castelbajac, seigneur de Roüède, Marguerite de Castelbajac, qui fut elle-même mariée le 10 novembre 1540 avec Aymery de Béon, seigneur de Massez, d'où Pierre de

Béon, chevalier, seigneur de Massez, et Bernard de Béon-Massez, chevalier, baron de Bouteville, d'Esclaron et de Cornefou, conseiller du roi en ses conseils privés, lieutenant général aux gouvernements et provinces de Saintonge, Aunis, haut et bas Limouzin, qui épousa en premières noces Gabrielle de Marrast et en deuxièmes noces Louise de Luxembourg, fille de Jean de Luxembourg, comte de Brienne, et de Guillemette de la Marck. Cette dernière était fille de Robert de la Mark, duc de Bouillon, maréchal de France, et de Françoise de Brézé, comtesse de Maulevrier. Du mariage de Bernard de Béon-Massez avec Louise de Luxembourg naquit Charles de Béon, baron de Bouteville, petit neveu de Dame de Séguenville, maréchal de camp, père : 1° De Bernard de Béon-Luxembourg, marquis de Bouteville : 2° De Henry-Auguste de Béon, chevalier de Malte, commandeur du Fief, près d'Amiens, en 1684 ; 3° de Jean-Louis de Béon-Luxembourg, dit le comte de Béon, qui épousa Marie de Cugnac, fille d'Antoine, marquis de Dampierre, marié à Magdelaine du Texier, dame de Bris, petite-fille de François de Cugnac, seigneur de Dampierre, chevalier des ordres du roi, conseiller d'État, lieutenant général au gouvernement d'Orléans. Une branche de la famille de Béon était connue sous le nom de seigneurs de Cazeaux. Elle a donné à l'ordre de Saint-Jean de Jérusalem François-Paul de Béon, grand prieur de Toulouse en 1675, qui fonda en faveur de son neveu et filleul une commanderie de son ordre. Du mariage de Bernard de Béon-Massez avec Louise de Luxembourg naquit aussi Louise de Béon, petite nièce de Dame de Séguenville, qui fut mariée en 1623 avec Henry Auguste de Loménie, chevalier, seigneur de la Ville aux Clercs, comte de Brienne, de Montbeton et de Conac, prince de Mortagne, secrétaire d'Etat et maître de cérémonie des ordres du Roy, chevalier du Saint-Esprit, mort le 5 novembre 1666. Du mariage de Corbeyran de Faudoas avec Catherine de Béon naquirent six enfants : 1° Jean-Angé de Faudoas, seigneur de Séguenville, qui continue la lignée; 2° Paule de Faudoas, qui épousa le 10 décembre 1570, au château d'Ariès, François de Saint-Sivié, fils de Guiche-Arnaud, seigneur de Saint-Sivié, et de Géraude de Béon du Massez, assistée de sa mère dame Catherine de Béon, représentant en même temps son fils, frère de Paule de Faudoas, Jean-Angé de Faudoas, seigneur de Séguenville, héritier de feu Corbeyran, son père. De cette alliance naquirent : 1° Bernard, seigneur de Saint-Sivié et de Montaut, qui maria sa fille Paule à Etienne de Castelnau-Coaraze; 2° Etienne de Saint-Sivié, seigneur de Montaut, qui maria sa fille Françoise de Saint-Sivié avec Louis Valderies, baron de Lescure, frère de François de Valderies, évêque de Luçon. Le fils d'Etienne de Saint-Sivié eut de Catherine de Martres, sa femme, le marquis de Montaut; 3° Guillaume de Saint-Sivié, qui forma la branche des seigneurs du Malartic, et épousa le 1er octobre 1587 Françoise de Caumont; 4° Jeanne de Saint-Sivié, mariée avec Hector de Tersac-Montberaud, fils puiné du baron de Montberaud, de Tersac, de Fontaines, et de Jeanne de Goyrans.

Marguerite de Faudoas, troisième enfant de Corbeyran et de Catherine de Béon, fut mariée le 10 décembre 1579, au château d'Aries, à Raymond Barège, seigneur de la Fitte, gentilhomme de race illustre, issu d'un puiné du Béarn, marié à l'héritière de Barège, dont il continua le nom en conservant les armes du Béarn.

Le quatrième enfant de Corbeyran de Faudoas et de Catherine de Béon fut Izabeau de Faudoas, mariée le 14 mars 1585 avec François de Sère, seigneur d'Aulix. D'où la maison Aulix, très-ancienne au pays de Foix.

Le cinquième enfant de Corbeyran de Faudoas et de Catherine de Béon fut Catherine de Faudoas, qui le 29 octobre 1589 épousa Honorat du Bouzet, fils puiné de Jean du Bouzet et de Marguerite de Léaumont de Puygaillard. Le frère de cette dernière, Charles de Léaumont, eut pour fils Jean de Léaumont, seigneur de Puygaillard, baron de Brou et de Moré, chevalier des ordres du roi, gouverneur d'Anjou en 1584, qualifié du titre de grand maréchal des camps et armées du roi.

Le dernier enfant de Corbeyran de Faudoas et de Catherine de Béon fut Ouvriette de Faudoas, qui épousa Gaspard de Vilaros, seigneur de Montbardon. Le 25 septembre 1591 elle reconnut avoir reçu de Jean Augé, son frère, assisté de Jean de Manas, seigneur de Lahas, la somme de 3,500 livres provenant de sa dot.

Jean-Angé de Faudoas, écuyer, seigneur de Seguenville, Aries, Saint-Avent, fils de Corbeyran de Faudoas et de Catherine de Béon, servit en qualité de lieutenant dans la compagnie d'ordonnance du baron Henry de Rochechouart de Faudoas pendant la guerre de religion en Guienne. Dans une action où le baron de Faudoas, à la tête des troupes catholiques, près de Mauvezin, diocèse de Lombez, perdit la vie, Jean-Angé batit les troupes religionnaires commandées par un nommé César.

Il fut élu tuteur des enfants du baron Henry de Faudoas en raison de sa parenté avec lui. En cette qualité il soutint deux procès le 7 septembre 1594 devant le parlement de Bordeaux et le 9 décembre 1596 au parlement de Toulouse en faveur de ses pupilles.

Il épousa, le 12 novembre 1586, au château de Castera-Bouzet, devant Antoine Varens, notaire de Bardigues, Bertrande du Bouzet, fille de Bernard du Bouzet, seigneur du Castera, et de Françoise de Cazillac, qui était née le 14 septembre 1566. Bertrande du Bouzet était de race illustre, tant du côté paternel que du côté maternel : du côté paternel elle descendait des anciens seigneurs du Bouzet au diocèse de Lectoure. Barrau du Bouzet forma sa branche d'après l'acte de partage du 1er août 1303 entre lui et Gautier du Bouzet, son frère aîné, qui conserva la terre du Bouzet et continua la postérité des seigneurs de ce nom, dans laquelle se fondit l'illustre maison du Gout. — Le lot de Barrau du Bouzet fut alors la terre du Castera.

Du côté maternel Bertrande du Bouzet était issue de la famille de Cazillac en Quercy. Les seigneurs de Cazillac comptèrent parmi eux Antoine de Cazillac de Bérail, François de Cazillac, conseiller d'état, chevalier des ordres du roi du 31 décembre 1583, chambellan ordinaire de Sa Majesté; ce dernier épousa Claude de Dinteville ; d'où Claude de Cazillac, qui épousa le 7 décembre 1591 Charles de Choiseuil, marquis de Praslin, capitaine de la première compagnie des gardes du corps, maréchal de France, gouverneur de Saintonge. De ce mariage naquirent Catherine-Blanche de Choiseuil, mariée en 1610 au marquis Jacques d'Estampes, maréchal de France, et Françoise de Choiseuil, mariée le 23 février 1642 au marquis Henry de Guénegaud, marquis de Plancy, secrétaire d'Etat, commandeur et garde des sceaux des ordres du Roy.

Charles, baron de Cazillac et de Cissac, frère aîné de la maréchale de Praslin et cousin germain de Bertrande de Seguenville, épousa lui-même Suzanne d'Escar, fille de François comte d'Escar, lieutenant-général gouverneur de Guienne et de la ville de Bordeaux, fille aussi d'Izabeau de Beauville, veuve de Blaise, seigneur de Montluc, maréchal de France.

Il est donc aisé de comprendre que Bertrande du Bouzet, par sa mère Françoise de Cazillac, a donné à son fils unique Henri-Aimery de Faudoas de grandes, illustres et nombreuses alliances.

Henry-Aimery de Faudoas, seigneur de Seguenville, Aries et Saint-Avent, naquit le 29 juin 1589. Les alliances que nous avons énumérées ci-dessus ne furent pas les seules que lui procura la famille de sa mère. Sa bisaïeule maternelle était sœur de Charles de Crussol, vicomte d'Uzez, sire de Crussol, de Levis et de Florensac, conseiller du roi, chambellan et grand pannetier de France, lieutenant du Roy en Languedoc, qui épousa Jeanne de Genouillac, dame d'Assier, dont il eut Jacques de Crussol, 11e du nom, duc d'Uzez, chevalier des ordres du Roy, gouverneur du Languedoc, cousin germain, par conséquent, de Françoise de Cazillac, dame du Castera-Bouzet. Jacques de Crussol eut lui-même de son mariage avec Françoise de Clermont-Tallard, Emmanuel de Crussol, duc d'Uzez, pair de France, chevalier des ordres du Roy. Ce dernier épousa Claude d'Ebrard, dame de Saint-Sulpice, et eut pour fils François de Crussol, duc d'Uzez, 1er pair de France, chevalier des ordres du Roy, gouverneur de Saintonge et d'Angoumois. François de Crussol épousa Marguérite d'Apcher et eut pour fils Emmanuel de Crussol, 12e du nom, duc d'Uzez, pair de France, gouverneur de Saintonge et d'Angoumois, chevalier des ordres du Roy, qui de son mariage avec Marie-Julie de Sainte-Maure, fille unique et héritière de Charles, duc de Montauzier, eut pour fils Charles de Crussol.

Henry-Aymery de Faudoas, dont nous parlons, fut lieutenant de la compagnie de carabins commandée par Pierre-Beraud de Rochechouart, baron de Faudoas, son cousin, avec lequel il avait été élevé; ils se trouvèrent l'an 1621 au siège de Montauban contre les religionnaires.

Il épousa Catherine de La Mothe, fille de Géraud de La Mothe, seigneur d'Izaut, et de Marguerite de Touges. La famille d'Izaut est très ancienne; elle a donné plusieurs chevaliers à l'ordre de Saint-Jean de Jérusalem. La famille de Touges était elle-même fertile en chevaliers de cet ordre. Elle était alliée aux plus anciennes et illustres familles; la mère de Marguerite de Touges était fille d'Ogier de Touges, baron de

Noaillan, au diocèse de Lombez, et de Jacquette de Polastron de la Hillière. La sœur de Marguerite de Touges, Catherine de Touges, fut mariée le 15 janvier 1580 avec François de Commenge, seigneur de Guitaud, d'où Françoise de Commenge, qui, n'ayant pas de frères, légua son nom, sa fortune et les armes de sa famille à Pons de Pechpeyrou, fils puîné du baron de Beaucaire, d'où Charles de Pechpeyrou de Commenge, chevalier de Malthe, commandeur d'Astros en 1650, et Louis de Pechpeyrou de Commenge, seigneur de Guitaud. On trouve encore dans la maison de Guitaud : Charles comte de Guitaud, premier gentilhomme de la chambre de M. le Prince de Condé, lieutenant de sa compagnie de chevau-légers, gouverneur des îles de Sainte-Marguerite ; Louis-Athanase, fils du précédent, colonel d'infanterie, maréchal de camp; et son frère Antonin Cyprien, doyen de l'église de Tours.

Henry-Aymery de Faudoas signa le 12 mars 1630 son compte de tutelle, et transigea avec sa mère Bertrande du Bouzet au sujet des aliénations par elles faites pendant sa minorité. Il mourut vers cette année; sa femme, Catherine de La Mothe, testa le 14 mai 1633, laissant pour héritiers ses trois fils : Pierre-Jean, seigneur de Seguenville; Jean, seigneur d'Aries, qui a fait branche dans la famille de Faudoas, et Bertrand, seigneur de Saint-Avent, qui fut capitaine-major au régiment de son parent le commandeur de Guitaud ; Bertrand testa le 21 mars 1653 et mourut sans postérité, étant lieutenant du roi aux îles Sainte-Marguerite.

Pierre-Jean, seigneur de Seguenville, Aries et Saint-

Avent, fils aîné de Henry-Aymery de Faudoas et de Catherine de La Mothe, fit en qualité de volontaire quelques campagnes en Catalogne.

Le 14 novembre 1648 il épousa Lucrèce de Roquemaurel, fille d'Octavien de Roquemaurel, seigneur de Soüeich, Sabarat, Montégut, et de Gabrielle de Sergan, fille elle-même de Hercule de Sergan, vicomte d'Erce, et de Georgette de Sers d'Aulix.

Lucrèce de Roquemaurel était petite-fille de Marc-Antoine de Roquemaurel, seigneur de Soüeich, gentilhomme ordinaire de la chambre du Roy le 22 mars 1569. Jean de Roquemaurel, fils de Marc-Antoine et frère de Lucrèce, fut seigneur de Soüeich, Montégut, Rouze et Constansac; il eut de sa femme, Marthe d'Ustou de Montgaillard, Paul de Roquemaurel, vicomte de Montégut, ci-devant chevalier de Malthe, page du grand maître de son ordre et capitaine au régiment de la reine. Après la mort de son frère, Paul quitta l'ordre de Malthe pour se marier.

La famille de Roquemaurel, originaire de la terre de Roquemaurel en Auvergne, au diocèse de Saint-Flour, a toujours été des mieux alliées de la province. Elle a donné en 1445 Aymery de Roquemaurel à l'évêché de Montauban, qui était aussi abbé de Moissac. Il donna à son église abbatiale un beau reliquaire en vermeil, où ses armes figurent en émail, soit : d'azur à trois rocs d'or en échiquier, deux en chef un en pointe, au chef d'argent chargé d'une levrette passante de sable, accolée de gueules. Il resta abbé de Moissac de 1434 à 1449, et fut inhumé le 16 octobre 1449 à ladite abbaye. On croit que Bégon, seigneur de Roquemaurel et de Thémines, père d'Aimery de Roquemaurel, époux en 1475 de Marie de Cardaillac de la Chapelle-Marival, était le frère de Aimery de Roquemaurel, abbé de Moissac.

Dans le diocèse de Cahors en 1410 il existait, comme abbé et prieur de l'abbaye de Figeac, un autre Bégon de Roquemaurel que le Pape Jean XXIII confirma dans son poste le 10 des calendes de septembre 1413. Antoine de Roquemaurel fut abbé de 1526 jusqu'en 1536; le second prévôt et chef du chapitre cathédral de Montauban, après la sécularisation, fut Jacques de Roquemaurel, abbé de Saint-Marcel, qui succéda à Antoine d'Auriole le 9 février 1542. Il mourut en 1561. — On trouve encore dans la même église Gabriel de Roquemaurel, grand archidiacre, et Mathurin de Roquemaurel, chanoine. — Antoine de Roquemaurel avait succédé à Guillaume dans sa dignité d'archidiacre le 23 février 1559.

Lucrèce de Roquemaurel, Dame de Seguenville, fut veuve en 1673. Pierre-Jean de Faudoas, son époux, testa au château de Seguenville le 10 mai 1670, ils moururent l'un et l'autre audit lieu et furent inhumés dans la paroisse du même lieu.

De leur mariage naquirent : 1° Jean-Bertrand de Faudoas, seigneur de Seguenville, qui continue la lignée; 2° Bertrand de Faudoas, seigneur de Saint-Sulpice, qui a fait les campagnes d'Allemagne et de Flandre dans le régiment royal, étant lieutenant de son parent Grossoles; il devint capitaine au régiment de Foix. Il épousa en premières noces Jeanne de Tartas, en secondes noces Catherine du Faur de la Pipane, de la maison de

Pibrac. Du premier lit naquit Marie-Anne de Faudoas; du second lit naquirent Charles de Faudoas et Paule-Charlotte de Faudoas ; 3° Jean-Louis de Faudoas, prêtre, docteur de Sorbonne, prévôt du chapitre cathédral de Montauban, prieur de Goas et de Fontrailles, vicaire général de Monseigneur François d'Haussonville de Vaubecourt, évêque de Montauban, théologal du même chapitre et pourvu de la prévôté le 3 mai 1707, député aux États de la province du Languedoc tous les ans de 1706 à 1722.

4° Alexandre de Faudoas, capitaine au régiment de Tournaisis, fut au service des Vénitiens après la paix de Riswick et périt sur mer en allant en Morée.

5° Paul de Faudoas, capitaine-commandant le second bataillon du régiment royal de la marine, officier plein d'avenir, mourut en Italie l'an 1706 après avoir assisté à plusieurs sièges et batailles.

6° Marguerite de Faudoas épousa, le 24 février 1677, au château de Seguenville, Guillaume du Bouzet, ci-devant chevalier de Malthe, frère d'Octavien du Bouzet, chevalier de Malthe, commandeur de Nice. L'un et l'autre étaient fils de Octavien du Bouzet, seigneur de Vivès, et de Philiberte de Castelbajac ; Guillaume du Bouzet mourut en 1699 et Marguerite de Faudoas en 1716.

7° Jeanne de Faudoas, dernière enfant de Lucrèce de Roquemaurel et de Pierre-Jean de Faudoas, épousa, le 22 juin 1698, noble Pierre de Linas, fils de noble Nicolas de Linas, seigneur de Joye, et de Jeanne-Marie du Barry.

Jean-Bertrand de Faudoas, seigneur de Séguenville,

était en 1672, quoique fort jeune, lieutenant dans le régiment du roi au siège de Maëstrick ; il assista au combat de Senef en 1674. Le 12 août 1693 il épousa Claire de Saliné, sœur de Joseph de Saliné, seigneur de Roujole, page de la grande écurie, puis mousquetaire et capitaine de cavalerie au régiment de Montgomery, tué à l'armée. Jean de Faudoas mourut au château de Séguenville le 17 février 1705; il fut inhumé dans l'église de Saint-Jean-Baptiste du même lieu. Il laissa de son mariage six enfants en bas âge : l'aîné, Jean-Georges de Faudoas mourut à 14 ans sans alliance, en 1715. — Ses frères plus jeunes moururent aussi en bas âge. — Il fut donc le dernier membre de la famille de Faudoas, seigneur de Seguenville.

Jeanne de Faudoas, septième enfant de Jean-Pierre de Faudoas et de Lucrèce de Roquemaurel, est le membre de cette ancienne lignée qui intéresse le plus la famille d'Amade, puisqu'elle était la belle-mère de Pierre-Guillaume Amade, bourgeois et habitant de Castelsarrasin, après son mariage avec Demoiselle Jeanne de Linas, fille de Jeanne de Faudoas et la grand mère de Bernard Joseph Amade, né le 15 juillet 1731, fils de Jeanne de Linas et de Guillaume Amade. En remontant de Jeanne de Faudoas de Seguenville aux aïeux de cette lignée, que de noms illustres la famille d'Amade ne compte-t-elle pas parmi les siens? Et, même dans le temps de nivellement et d'égalité où nous vivons, quel est celui qui ne se sentirait aucune fierté à la pensée que dans ses veines coule certainement une parcelle du sang de bon nombre de ceux qui firent la France grande et puissante, du même sang qui coula dans les veines de Jeanne d'Albret et du Béarnais? S'il restait indifférent à cette vérité, ne ferait-il pas ainsi bon marché de tout sentiment patriotique, ne renierait-il pas même ceux qui lui léguèrent, avec leur grand exemple, l'existence, leur nom et une partie de leur fortune?

RENSEIGNEMENTS

RELATIFS

Aux Familles de Géraud de Beaulaguet.

Explication sur leur Succession.

Anne de Géraud, femme de Bernard de Linas, fut héritière de sa mère, dame Catherine de Beaulaguet. Elle laissa sa fortune au neveu de son mari Joseph d'Amade, fils de Pierre-Guillaume Amade et de Jeanne de Linas, sa belle-sœur. — Acte du 24 mai 1764, du 20 juin 1766.

C'est de ce chef que la famille d'Amade détient les actes et renseignements concernant la famille de Beaulaguet et de la famille de Géraud.

Parmi les actes provenant de la famille de Géraud, nous trouvons plusieurs exploits signifiant les arrêts divers auxquels ont donné lieu les procès intentés par Claude Vialet, fermier général des domaines du Roi, et les poursuites de M. Louis Boucherat, sous-fermier des domaines du Roi en Languedoc, d'une part, et l'abbé de Cour, syndic de la communauté Notre-Dame de Bonnefond, d'autre part, à l'effet de contester à M° Jean de Géraud, avocat au parlement de Toulouse, et à sa femme Marguerite de Capmartin leurs droits quant aux biens qu'ils possédaient dans le direct de Plaisance, viguerie et sénéchaussée de Toulouse, eux et leurs prédécesseurs.

Les actes nombreux provenant de la succession de MM. Jean et Jean-Jacques de Géraud père et fils, docteur et avocat au parlement de Toulouse, prouvent que les oncles maternels de Bernard-Joseph Amade occupèrent une belle situation à Toulouse de 1675 à 1740.

Plusieurs quittances signées Decazes, président de chambre au parlement de Toulouse, constatent que M. Géraud fils était, de 1675 à 1704, procureur du roi au bureau des trésoriers généraux de France de la généralité de Toulouse; d'une obligation du sieur Darnès il résulte que M. Géraud, avocat au parlement, était l'auteur d'un Traité des droits seigneuriaux ; — en 1708 le sieur Darnès s'était chargé de la vente des exemplaires de ce traité.

1175 — 1479.

Parmi les pièces du procès intenté à M. Jean de Géraud et à sa femme Demoiselle Marguerite de Capmartin se trouvent deux documents fort anciens écrits en latin.

1° de 1175. Mois de mai (Louis VII).

Le texte de la donation du comte de Toulouse,

Raymond, duc de Narbonne, à Arnaud de Lorda, abbé de Bonnefond, et à ses successeurs, des terres domaniales de Plaisance.

2° du 10 juin 1479 (Louis XI).

Le bail à fief de 500 arpents de terre par le sieur de Mauléon, pour lors abbé de Bonnefond, sous la rente et obligation d'un franc d'or qui est de seize sols.

Le 27 janvier 1656.

Mariage de Jean Géraud, avocat au parlement de Toulouse, assisté du sieur Jean-Jacques Géraud, habitant du lieu de Lévignac, son père, et de Demoiselle Jeanne de Goudal, sa mère, d'une part, et Demoiselle Marguerite de Capmartin, veuve du sieur Lapause, assistés des sieurs Dominique-Louis et Jean Capmartin ses frères, d'autre part. Acte passé dans la maison des héritiers Lapause, en présence de témoins requis Louis Amiel et Michel Dirat; par M° Bernard de Prat, notaire royal dudit parlement à ce requis. — Signé de Prat et collationné par Marcilhac, notaire royal.

Il ressort de l'examen de ces actes que le 28 septembre 1663 le sieur Jean Géraud, docteur et avocat de la Cour de Toulouse, avait signé une reconnaissance en faveur de messire de Cour, abbé de Notre-Dame de Bonnefond, reconnaissance qui fut exploitée par M° de Campagne, procureur du Roi, en la commission de la faction du papier terrier du territoire de Plaisance. Le sieur abbé de Bonnefond ne put produire les titres en vertu desquels avait eu lieu la reconnaissance, et Jean de Géraud fut condamné à payer sept sols de rente foncière par sentence du sénéchal, du mois de février 1671. Appel de cette sentence fut relevée en la souveraine cour du parlement de Toulouse et le 11 février 1672, un arrêt fut rendu à suite duquel la sentence précédente fut réformée et la reconnaissance du 28 septembre 1663 cassée, mais M. Géraud fut condamné à trois cents livres d'amende.

Sur la requête du sieur Claude Vialet, fermier général des domaines de France, et les poursuites de M⁰ Louis Boucherat, sous-fermier desdits domaines en Languedoc, la cour souveraine rendit un arrêt, le 5 mars 1672, annulant tous les précédents et prescrivant aux divers intéressés de fournir de nouvelles preuves de leurs droits et titres.

28 septembre 1663.

Acte en vertu duquel M⁰ Jean Géraud, docteur et avocat en la cour de Toulouse, reconnaît et confesse tenir *en fief* et *emphitéose* directe et perpétuelle de messire Antoine de Cour, conseiller du roi, abbé de Bonnefond, seigneur justicier du lieu de Plaisance, par l'entremise de M⁰ Palanque, procureur au parlement, en vertu de sa procuration, une métairie appelée La Tuque, que ledit sieur de Géraud a acquise depuis peu de noble Guillaume de Gabiraud, seigneur de Cornat, située au delà de la rivière du Touch, du côté de Pibrac, et faisant partie de la directe dudit seigneur abbé. Acte rédigé par Guillaume Lacombe, notaire royal.

Le 5 août 1672.

Par acte de M⁰ Marcilhac, notaire royal, M. Jean Géraud, docteur et avocat en la Cour de Toulouse, fait constater contre M⁰ Jean Vidal, avocat et directeur général du domaine en la province de Languedoc, que la nouvelle législation défend à tout procureur sans exception de faire signifier aucune cédule évocatoire sans avoir une procuration spéciale à cet effet, passée par devant notaire. Le requérant proteste, en conséquence, contre la cédule qui lui a été signifiée et se pourvoira au conseil en cassation contre ladite cédule.

Le 16 avril 1672.

Par acte dressé par M⁰ Bouzeran, notaire à Toulouse, M⁰ Jean Vidal, directeur des domaines du département de Toulouse, expose la contre partie de l'acte du 5 avril et la fait notifier par ministère de M⁰ Dubourg, garde du Roi de la prévôté générale du Dauphiné, à M⁰ de Géraud, avocat au parlement de Toulouse, et à Demoiselle de Capmartin, sa femme.

Du 2 décembre 1685.

Le sieur Jougla, notaire royal de Toulouse, certifie que les pactes de mariage entre messire Jean-Jacques de Géraud, conseiller et procureur du roi au bureau des finances et domaine de la généralité de Toulouse, et demoiselle Catherine de Beaulaguet ont été reçus par lui le 2 décembre 1685.

Versailles, le 26 octobre 1673.

Par le roi en son conseil signé Fabry, arrêt royal en faveur du bien aimé messire Jean Géraud, avocat au parlement de Toulouse, et Demoiselle Marguerite de Capmartin, son épouse, à l'effet de surseoir à l'exécution des jugements obtenus par l'abbé de l'abbaye de Bonnefond, tendant à faire passer reconnaissance auxdits Géraud d'une métairie allodiale, de surseoir aussi à l'exécution des dispositions prises par M. Claude Vialet, fermier général des domaines royaux, consistant en saisie féodale sur un bien libre et de franc alleu. Ledit arrêt royal ordonne le pourvoi sans demander autre permission, car tel est le bon plaisir du Roy. Versailles, le 26 octobre 1673. — Signé : Fabry.

Le 30 janvier 1674.

Acte de signification dressé par Jean de la Pause, huissier audiencier des parlements de Toulouse, à la requête de Jean Géraud, avocat au parlement de Toulouse, et de Demoiselle Marguerite Capmartin mariés, de l'arrêt du 26 octobre 1673, signé Fabry et scellé du grand sceau de France, au sieur Claude Vialet, fermier général des domaines, donnant assignation à deux mois pour la ratification dudit arrêt. — Signé : Delapause.

9 février 1679.

Sur la réquisition du syndic du R. Père de l'Oratoire de Jésus de l'église de la Dalbade à Toulouse, en vertu des titres des débiteurs de la chancellerie de Toulouse, exploit du sieur Jean-Paul Paillez, huissier en la table de marbre du palais, faisant commandement à M. Jean Beaulaguet, procureur en la cour du parlement de Toulouse, de payer audit syndic la rente annuelle de 10 sols, portée par la reconnaissance consentie par ledit Beaulaguet en faveur dudit syndic le 4 mai 1671, devant M⁰ Jean Arnaud, notaire royal de Toulouse, ensemble les arrérages de cette rente vraiment dus, annonçant que, faute de faire ledit paiement, il fera procéder par saisie et exécution sur les biens du sieur Beaulaguet. — Signé : Paillez.

9 février 1679, 7 décembre 1681, 11 février 1706, 27 février 1710.

Quittances diverses délivrées par les syndics des prêtres de l'Oratoire de la Dalbade en faveur de M. Beaulaguet, procureur au parlement, et de sa veuve, dame Catherine, épouse de messire Jean-Jacques de Géraud, conseiller et procureur du roi au bureau des finances de la généralité de Toulouse, pour la rente de 11 livres, échue d'une maison et jardin que ladite dame possédait au faubourg Saint-Michel, rue Sainte-Catherine, dépendants du fief desdits Pères. — Signés : Dubuisson, Espigat, de Ribereyes.

Du 20 septembre 1688 au 15 semptembre 1699.

Quittances diverses délivrées par madame Françoise de Bataille, veuve de Antoine de Vignes, pour intérêts de la somme capitale de 850 livres à elle cédée par

M. le Président de Lagorrée par acte du 7 juillet 1687; quittances faites en faveur de Mᵉ de Géraud, procureur du Roi au bureau des finances de la généralité de Toulouse.

22 novembre 1690.

Exploit déposé par Louis Pailhar, greffier audiencier, pourvu par sa majesté, reçu au sénéchal, siège présidial de la ville de Montauban y résidant, qui s'étant transporté au lieu dit de Joye, près Finhan, où étant à la requête de M. le marquis de Beaucaire, colonel des milices bourgeoises de la généralité de Toulouse, a signifié l'ordonnance rendue par monseigneur de La Moignon du 5 juillet dernier au sieur de Linas, capitaine des milices bourgeoises en Languedoc, domicilié au dit lieu de Joye, à l'effet de satisfaire à ladite ordonnance dans le délai porté par elle et de payer incessamment la somme de 200 livres, avec deux sols par livre pour frais de quittance pour sa charge de capitaine des milices bourgeoises. — Signé : Pailhar.

Du 17 mars 1691.

Exécution du jugement intervenu, le 7 janvier 1691, entre M. Beaulaguet, M. Jean Géraud, avocat, et M. Jean-Jacques Géraud, conseiller du roi et son procureur fondé au bureau des finances. Jugement déterminant la part de la taxe attribuée à chaque partie intervenant dans le procès entre M. Beaulaguet et MM. de Géraud père et fils. — Signé : Ramondy.

De l'armée de M. de Boufflers, 25 septembre 1697.

Le chevalier de Seguenville écrit à sa sœur, M° de Linas, belle-mère de Pierre-Guillaume Amade, Mademoiselle Jeanne de Linas, sa fille, ayant épousé ce dernier. Cette lettre, pleine de tendresse et d'affectueux reproches pour le retard que subissait celle de sa sœur, témoigne de son étonnement sur la nouvelle de son mariage. Il lui demande comment s'est comporté leur aîné à son égard. Il certifie que la nouvelle de sa mort était donnée par des gens fort mal informés, puisqu'il n'a jamais été malade. — Signé : Le chevalier de Séguenville.

22 juin 1698.

Clauses du quatrième mariage de noble Pierre de Linas, seigneur de Joye, fils de noble Nicolas de Linas et de veuve de Malgost, née Jeanne-Marie du Barry, avec Demoiselle Jeanne de Faudoas de Séguenville, fille de feu noble Pierre-Jean de Faudoas, seigneur de Séguenville et de feu Demoiselle de Roquemaurel.

25 décembre 1699.

Acte dressé par Pierre Balaguier, notaire royal à Toulouse, constatant que noble Antoine Viguier, fils et héritier de dame Françoise de Bataille, a, de son bon gré, fait cession et transport à messire Clément Delong de Garac, conseiller du roi au parlement de Toulouse, de la somme de 1,500 livres à prendre et se faire payer dans un an sur la somme de 8,500 livres dues par feu messire de Lagorrée, président aux requêtes du palais, et MM. de Géraud père et fils, par contrat retenu par Me Boyer, notaire de Toulouse, le 14 septembre 1691 ; dame de Prague, veuve et héritière du sieur de Lagerés, a approuvé, ratifié et promis de payer ladite somme de 8,500 livres par acte du 6 juillet 1697, dont le sieur Vignes, remettra extrait en main du sieur Delong. La présente cession est faite moyennant pareille somme, que le sieur Delong à comptée au sieur Vignes. Ce dernier, pour tenir les engagements pris, oblige ses biens présents et avenir.

Signifié aux intéressés par le sieur Castaing, Arnaud, huissier, le 10 décembre 1799.

7 avril 1703.

Testament de noble Pierre de Linas, seigneur de Joye de la juridiction de Montech, en faveur de : 1° Son fils noble Bernard de Linas, fils de Demoiselle Marie de Beryes, sa première femme ; 2° en faveur de sa fille, Demoiselle Jeanne de Linas, fille de Demoiselle Jeanne de Faudoas ; 3° subsidiairement en faveur des enfants mâles de François Fauré, époux de la sœur du testateur, Demoiselle Catherine de Linas, à l'exclusion de celui qui est prêtre ; 4° subsidiairement encore en faveur des enfants mâles de noble Jean de La Hitte, seigneur d'Escandoma, et de Demoiselle Marie de Fauré, petits neveux du testateur. Ledit testateur désigne pour tuteur de son fils et héritier, le susnommé sieur de La Hitte, seigneur d'Escandoma.

18 mars 1705.

Acte de cession et transfert en faveur de Paul de

Cazes, conseiller du roi au parlement de Toulouse, de la somme de 1,400 livres, à prendre sur dame Jeanne de Prougen, veuve et héritière de M. Gabriel de Lagorrée, conseiller du roi au parlement de Toulouse, président aux requêtes du palais, pour reste de 1,500 livres dues, tant par M. de Prougen que par MM. Géraud père et fils, au sieur M. Clément Delong de Garac, conseiller du roi au parlement de Toulouse, comme ayant droit de cause, de noble Antoine de Vignes, fils et héritier de dame Françoise de Bataille, acte retenu par Balaguier, notaire de Toulouse, le 5 décembre 1699, cette somme fait partie de plus forte employée à l'acquisition, faite par lesdits sieurs nobles de Géraud père et fils, de l'office de procureur du Roi au bureau des finances de la généralité de Toulouse, au sieur président de Lagorrée.

18 mars 1705.

Cession, subrogation et transport d'un capital de 1,400 livres, cédé par le sieur Delong de Garac, conseiller du roi au parlement de Toulouse, à M. Paul de Cases, conseiller du roi audit parlement, capital dû solidairement par Madame de Prougen, veuve et héritière de Messire Gabriel de Lagorrée conseiller du roi au parlement de Toulouse et président aux requettes du palais, et par MM. de Géraud père et fils, partie de cette somme employée au prix de l'acquisition faite, par eux, à feu sieur de Lagorrée, de l'office de procureur du roi au bureau des finances de la généralité de Toulouse, en vertu de l'acte de cession du 7 juillet 1681.

1er septembre 1705 (Testament du 14 décembre 1703).

Testament de M. Jean Beaulaguet, prêtre et prieur, Recteur du lieu de Nissan, diocèse de Narbonne, reçu par Jacques Calvet, notaire royal de la ville de Béziers; Testament signé par le testateur et collationné par M. Severac de Roux, conseiller référendaire en la chancellerie, près le parlement de Toulouse.

Le testateur laisse ses droits paternels et maternels à ses neveux et nièces, fils de Antoine Beaulaguet son aîné et Jean Beaulaguet, procureur au parlement de Toulouse. Il laisse ses biens ecclésiastiques à la confrérie de la charité, qu'il institue son héritière. Il donne un champ à son petit neveu, Charles Devèze, chirurgien, pour service rendus. Il n'oublie pas aussi son neveu Jean Beaulaguet, prêtre et recteur de Souliac, diocèse de Cahors.

Du 27 mai 1706.

Relaxe des fins et conclusions requises par Pierre Gerbaud et Jeanne de Gueye, mariés; contre Tobye du Barry, ordonné par M. François de Papus, conseiller du roi en sa cour et parlement de Toulouse, commissaire aux rapports par procuration. — Signé: F. de Papus, F. Cabanis.

Du 16 décembre 1700 au 16 décembre 1709.

Quittances diverses délivrées par M. Deloug de Garac, conseiller du roi au parlement de Toulouse, et par M. de Cazes, conseiller du roi au même parlement, pour les intérêts échus sur la créance provenant de l'acte du 14 septembre 1691, quittance en faveur de Madame de Lagorrée et de MM. Géraud père et fils, par mains de ce dernier, procureur du roi au bureau des finances de la généralité de Toulouse.

Du 28 décembre 1709.

Arrêt de la cour royale de Toulouse mettant fin au procès intenté par Dominique Lapause, avocat, fils de feu Arnaud Lapause et de Dame de Capmartin, mariée en secondes noces avec M. Jean Géraud, avocat au parlement de Toulouse, procès tendant à faire rendre par sa mère, Marguerite de Capmartin, son compte de tutelle, solidairement avec son mari, Jean de Géraud, conformément à sa requête du 16 mai 1668, et contrairement au jugement rendu le 4 juillet 1668 au rapport des experts sur ledit compte du 16 décembre 1647, condamnant le sieur Dominique Lapause, pour toute fin de compte, à solder à la dame Capmartin en bloc la somme de 6,236 livres 11 sols 6 deniers, pour reliquat, depuis le 26 janvier 1656 jusqu'au jour du présent arrêt; d'après la liquidation faite par la Cour. — Par la cour signé : Duelhe.

13 mars 1720.

Vente de biens, consentie par messire Jean-Jacques de Géraud, chevalier, conseiller du roi, son procureur au bureau des finances de la généralité de Toulouse, en faveur de noble Antoine du Barry, capitaine au régiment de l'Isle de France; biens situés sur le territoire de Lévignac, Menbile et Castera. Acte passé par le notaire royal de Toulouse, le paiement est assuré entre les mains de Jean Guy de Maniban, marquis dudit lieu, conseiller du roi, président à mortier, et entre les mains de Madame veuve de Lagorrée, pour prix de l'office de procureur du roi cédé à M. Jean de Géraud par le sieur de Lagorrée; et à dame Antoinette de Joutevenc, veuve et héritière de noble Mellé, receveur des domaines de la généralité.

13 mars 1720.

Acte de vente de tous les biens situés dans la juridiction de Lévignac, Menbile et Castera consentie devant le notaire royal par messire Jean-Jacques de Géraud, chevalier et conseiller du roi, son procureur au bureau des finances de la généralité de Toulouse, en faveur de noble Antoine du Barry, capitaine au régiment de l'Isle de France, au prix de 8,727 livres, dont l'emploi est affecté, par quittances successives du 13 mars 1720 et 24 mars 1720, au paiement de la charge de procureur du roi, dont le vendeur est actuellement pourvu, en vertu de l'acte du 7 août 1700 retenu par Blaize Boyer, ci devant notaire de Toulouse, et y demeurant, acte qui se trouve de droit annulé.

9 juillet 1720.

Acte par lequel messire Jean-Jacques de Géraud,

conseiller du roi et procureur du roi au bureau des finances de la généralité de Toulouse, fait offre à M. Pierre Campa, avocat, ancien capitoul de Toulouse, de lui solder la somme de 3,000 livres de capital, qu'il doit, par acte reçu par M⁶ Roger, notaire de Toulouse, le 12 juillet 1700, plus de la somme de 750 livres pour les arrérages dudit capital. Le sieur Campa se refuse à recevoir cette somme parcequ'il aurait dû être prévenu 3 mois à l'avance d'après la constitution de la rente : acte passé par Mᵉ Escoubié sur les instances de M. de Géraud, pour lui servir ainsi qu'il appartiendra, le sieur Campa s'étant abstenu, signé : Escoubié.

12 juillet 1720.

Acte de consignation de la somme de 3,850 livres faite par messire Jean-Jacques de Géraud entre les mains de Mᵉ Jean Escoubié, notaire, pour que M. Pierre de Campa, docteur et avocat, ancien capitoul de Toulouse, en fournisse quittance audit sieur Escoubié.

1ᵉʳ septembre 1720.

Quittance de la somme de 3,750 livres faite par M. Pierre de Campa en faveur de messire Jean-Jacques de Géraud, procureur du roi au bureau des finances, généralité de Toulouse; acte retenu par Mᵉ Escoubié, notaire royal à Toulouse.

20 juillet 1720.

Acte par lequel Jean Carrel, maître maçon, de Toulouse reconnaît avoir reçu de M. Jean-Jacques de

Géraud, conseiller et procureur du roi au bureau des finances de la généralité de Toulouse, la somme de 598 livres pour reste de prix de bail de travaux entrepris à la maison dudit sieur de Géraud, rue du Cruxifix, vis-à-vis la petite porte du grand couvent des Carmes. Suivant acte reçu par M. Brouders, notaire. Le dit sieur Carrel se tient pour content, il consent à l'annulation de l'acte. Déclarant le sieur de Géraud subroger l'hypothèque de 598 livres de Carrel en faveur de Gassaigne, seigneur de Glateins, conseiller en la grande chambre du parlement de Toulouse, qui se déclare lui-même soldé par acte du 20 juillet 1720 de 600 livres. S. Escoubié.

9 août 1720.

Acte dressé par Mᵉ Escoubié, notaire à Toulouse, constatant la quittance délivrée par le sieur Paul Gential, habitant de Toulouse, à messire Jean-Jacques de Géraud, chevalier, conseiller et procureur du roi au bureau des finances de la généralité de Toulouse, de la somme de 1,000 livres due d'après deux actes retenus par Mᵉ Brouders, notaire de Toulouse; le sieur Gential se reconnaît soldé et consent à l'annulation desdits actes. M. Géraud déclare qu'il consent à la subrogation de la même somme et à son hypothèque en faveur du sieur Gasaigne pour prix de vente d'une métairie par acte reçu par M. Escoubié, le 9 juillet dernier. — Signé : Escoubié.

9 août 1720.

Obligation notariée souscrite par le sieur Paul Gential en faveur de messire Jean-Jacques de Géraud, chevalier, conseiller et procureur du roi au bureau des finances de la généralité de Toulouse.

28 novembre 1722 et 5 mars 1723.

Acte de vente consenti par dame Catherine Beaulagnet, épouse de M. de Géraud, procureur du roi au bureau des finances de la généralité de Toulouse, d'une maison au faubourg Saint-Michel, en faveur de Jean Bertrand, maître bourrelier, et d'une maison et d'un jardin, en faveur de Etienne Daubanne, maître charpentier.

Actes ci-dessus passés par Jean Rozet, notaire, et Jougla, notaire royal à Toulouse.

10 juillet 1727.

Exploit par Armand Castaing, huissier au bureau des finances et domaines de la généralité de Toulouse, à la requête de messire Jean-Jacques de Géraud, conseiller et procureur du roi audit bureau des finances, signifié à la dame de Gensac, veuve du sieur Izarny, écuyer, lui dénonçant, en raison de ses projets de mariage avec le sieur Melchior Bonnis, ancien officier, au régiment de Monleuzin, que ce dernier par suite d'un acte du 2 septembre 1723 dressé par Mᵉ Bécane notaire, est débiteur de M. de Géraud pour une somme capitale de 600 livres, destinée à payer l'entrepreneur des réparations faites à la maison et logis situé rue des Moulins appartenant audit sieur Bonnis. — Signé : Castaing.

18 mai 1751.

Testament de Dame Catherine de Beaulaguet, veuve de Messire Jean-Jacques de Géraud, procureur du roi au bureau des finances de Toulouse, en faveur de sa fille Anne, épouse de noble Bernard de Linas, écuyer, et en faveur aussi de sa fille aînée Elisabeth, mariée avec Messire Roujoux, greffier en chef du sénéchal de Toulouse.

RENSEIGNEMENTS OFFICIELS

RELATIFS

Aux Familles de Montbrun, de Laborde, de Sacase.

Explications faisant ressortir les liens de Parenté de la Famille Amade avec ces Familles.

Demoiselle Louise-Catherine-Pélagie de Laborde était mère de noble Pierre-Marie-Elisabeth de Montbrun.

Demoiselle Perette-Denise Sacase était mère de Demoiselle Justine-Gérarde-Josephe-Marie de Montbrun, mariée à Jean-Baptiste Joseph Amade.

Les armes de la famille de Montbrun étaient, en Dauphiné : d'azur au levrier courant, d'argent colleté de même, bouclé d'or. La branche du Languedoc portait : d'azur chargé de trois glands de sable, deux et un à une face d'or, branchant, chargé d'un sanglier de sable. — Le nom de cette famille s'écrit Montbrun.

Les armes de la famille de Laborde étaient : d'or à trois palmiers, terrassés de sinople, mal ordonnés.

Noble Pierre-Marie-Elisabeth de Montbrun, mari de Demoiselle Sacase, était père de Demoiselle Justine Gérarde de Montbrun, mariée avec Jean-Baptiste-Joseph Amade.

16 décembre 1709.

Clauses du contrat de mariage de M. Pierre Delong, ancien major d'infanterie, habitant le lieu d'Escazeaux, fils de Pierre Delong et de Dame Marguerite de Guy, assisté de Me Clément Delong, docteur en théologie, curé de Vigueron, son frère ;

Avec Demoiselle Gabrielle Darros de Beaupuy, fille de noble Jean-Jacques Darros, seigneur de Beaupuy, et de Dame Gabrielle de Polastron, assistée de Me Jean Darros, archidiacre et chanoine du Grand-Chapitre d'Auch et de Demoiselle Jeanne Darros, ses frère et sœur.

Ont signé au contrat : noble Joseph d'Arros, seigneur des Nougarets ; et noble Guillaume Dufauré, seigneur de Beldehon, parents de la future ; Jean de Prévôt ; de Breville ; Jean-Pierre Héraut ; Martin Penel ; M^e chirurgien ; Me Jean Lacombe, avocat à la Cour ; les futurs ; de Polastron de Beaupuy, et Lamalatie, notaire à Beaumont.

14 mai 1726.

Clauses du contrat de mariage du sieur Pierre de

Montbrun, ancien lieutenant de cavalerie, fils de Pierre de Montbrun, avocat au parlement, et de Demoiselle Marie-Anne de Fourcet, habitant de la ville de Beaumont; assisté de son oncle Pierre de Montbrun, avocat au parlement; avec Demoiselle Marie Delong, fille de feu Pierre Delong, ancien major dans un régiment d'infanterie, et de dame Gabrielle Darros de Beaupuy. Ont signé au contrat : Jean-Pierre Montbrun, frère du futur: Joseph Delpoux-Nafines, avocat au parlement; noble Jean Trillac de Faudoas ; Clément de Prévost des Roches ; noble François Joseph de Castelbajac ; Jean Boutan ; et Lamalatie, notaire à Beaumont.

27 février 1748.

Nomination signée par le roi à Versailles, à la charge de lieutenant en la compagnie de Costebelle, dans le régiment du marquis de Trainel, vacante par la promotion du chevalier de Fabre à une compagnie, en faveur de Pierre-Jean de Montbrun.

1er février 1753.

Nomination signée par le roi à Versailles, à la charge de lieutenant en second en la compagnie de grenadiers de Saulnier, dans le régiment d'infanterie du marquis de Trainel, vacante par la retraite de M. Faury, en faveur de Pierre-Jean de Montbrun, ci-devant lieutenant.

12 avril 1754.

Nomination signée par le roi à Versailles, à la charge de lieutenant en la compagnie Daiguyères, dans le régiment du marquis de Trainel, vacante par l'abandonnement de Dallentun, en faveur de Pierre-Jean de Montbrun, lieutenant en second de grenadiers.

5 août 1754.

Clauses du contrat de mariage de Messire Jean-Marie de Montbrun, avocat au parlement, habitant de la ville de Beaumont, fils de Pierre de Montbrun, ancien officier de cavalerie et de feu Dame Marguerite-Marie Delong, assisté de M. Jean-Pierre Montbrun, son oncle, pour le père du futur Pierre de Montbrun ; de M. Zacharie Vernhes, bourgeois de Beaumont ; de noble Jean-Louis de Fauré et de Messire Saint-Cristaud, prêtre, docteur en théologie, prébendé de l'église métropolitaine Sainte-Marie de Beaumont ;

Avec Demoiselle Catherine-Louise-Pélagie de Laborde, fille de noble Charles-Etienne de Laborde, conseiller du roi, receveur général des domaines et bois des provinces de Béarn, Navarre et généralité d'Auch, trésorier des ponts-et-chaussées, et de feu Dame Marie de Gaurans ; assistée de M. de Laborde, son père ; (1) de Dame

---

(1) Noble Charles de Laborde, Conseiller du Roi, Receveur des Domaines et bois du Béarn, Navare et Généralité d'Auch, et Trésorier des Ponts et Chaussées, avait épousé Demoiselle Marie de Gaurans, fille de Dame Brigite d'Asparens et de Messire de Gaurans, Conseiller du Roi au Parlement.

De ce mariage naquirent : 1° Louis de Laborde, Seigneur de Laurenzan ; — 2° Marie-Brigite-Armande de Laborde, mariée avec M. de Sauviac ; 3° Catherine-Louise-Pélagie de Laborde, mariée avec M. de Montbrun, Trésorier du Roi à Montauban ; — 4° Thérèse-Alexandre de Laborde, sans établissement ; — 5° Victoire de

Marie-Catherine de Lahillone, veuve de M. Etienne, conseiller du roi, inspecteur général des domaines de Béarn et de Navarre, son aïeule paternelle ; de Messire Joseph Etienne, trésorier de France, son oncle; de Dame Brigitte d'Asparens, épouse de M. de Gauran, conseiller du roi, son aïeule maternelle ; de noble Paul Florent de Manas de Lamezan, seigneur de Pavie, son beau-frère, et de Demoiselle Brigitte de Gauran, sa tante. Ont signé au contrat: Bertrand Despessaille, suivant les finances ; Dupuy, fermier général des domaines de la généralité d'Auch, notaire à Auch.

14 avril 1755.

Baptême de noble Pierre-Marie-Elisabeth de Montbrun, fils de noble Jean-Marie de Montbrun, conseiller du roi et trésorier des ponts et chaussées, et de Dame Marie-Catherine de Lahillone, tenue par Demoiselle Claire-Josephe de Montbrun.

Laborde, mariée avec M. Descoubès de Monlaur, Lieutenant au Présidial d'Auch ; — 6° Jeanne-Rosalie de Laborde sans établissement; 7° Elisabeth de Laborde, mariée avec M. Ayral de Sérignac, Avocat du Roi à Montauban; 8° Dominique-Jean-Jacques de Laborde, mort à Paris, Administrateur des Domaines, marié avec Demoiselle Leblanc, laissant trois enfants, savoir : Alexandre-Jean-Louis de Laborde; Henri-Melchior-Marie de Laborde ; Augustin-Alexandre-Louis de Laborde; 9° Dominique de Laborde, autre enfant de noble Charles-Etienne de Laborde, mort en bas-âge ; — 10° Brigite-Laurence-Joseph de Laborde, mariée avec M. noble Paul-Florent de Manas de Lamezan, morte sans enfants ; — 11° enfin, Brigite-Hélène de Laborde, mariée avec M. de Rouilhan, Baron de Montaut, d'où sont nés : Michel, Joseph, Marie-Catherine, Arnaud-Alexandre de Rouilhan ; Jean-Claude de Rouilhan; Thérèse-Alexandrine de Rouilhan.

17 novembre 1758.

Nomination signée par le roi à Versailles, à la charge de capitaine, dans le régiment du comte de Durfort, vacante par le passage du capitaine Vernhes dans une compagnie de Grenadiers, en faveur de M. le capitaine Pierre-Jean de Montbrun.

9 février 1760.

Baptême de Demoiselle Pétronille-Denise de Sacase, fille de noble Bernard de Sacase et de Demoiselle Marthe de Bébian ; parrain, Pierre-Denis Cazals ; marraine, Demoiselle Pétronille Cazals.

23 mai 1761.

Avis donné à M. de Montbrun, par M. le duc de Choiseul, de sa nomination dans l'Ordre royal et militaire de Saint-Louis, pour sa conduite au siège de Cassel, comme capitaine au régiment de Lastic.

29 mai 1761.

Transmission de la lettre d'avis du maréchal de Choiseuil à M. de Montbrun, capitaine au régiment de Lastic, confirmant sa nomination dans l'Ordre royal et militaire de Saint-Louis ; félicitation datée de Francfort et signée par le maréchal de Broglie.

12 juillet 1761.

Titre de nomination de chevalier de l'ordre royal

et militaire de Saint-Louis, signé par le roi et daté de Versailles, en faveur de Pierre-Jean de Montbrun, capitaine dans le régiment de Lastic.

30 juillet 1761.

Réception de M. de Montbrun, capitaine au régiment de Lastic, chevalier de l'Ordre royal et militaire de Saint-Louis, par le maréchal de France, Victor-François, duc de Broglie.

Auch, le 3 juillet 1786.

Mariage de messire Honoré Duclos, seigneur de Goûts avec Demoiselle Jeanne-Marie-Pélagie-Josèphe de Montbrun, fille de Jean-Marie de Montbrun, chevalier président, trésorier de France de la généralité de Montauban ; et de Dame Louise-Pélagie de Laborde, de ce mariage sont issus :

1° Mademoiselle Delphine Duclos de Goûts, mariée à Jean-Baptiste-François-Paul de Carrère Saint-André, d'où : Madame veuve de Fouron au château de Juillacq ; M. Marcel-Auguste de Carrère Saint-André, missionnaire en Chine ; Madame Augusta de Carrère Saint-André, supérieure de l'asile Saint-Joseph à Salerne.

2° M. Duclos de Goûts, Justin, marié à Mademoiselle d'Arricau, d'où : Henri Duclos de Goûts, marié, dont un fils et une fille ; Louise Duclos de Goûts, mariée avec M. de Brescon, habitant le château de Stauzir à Larroque sur Lasse, par Mouval (Gers), dont un fils et une fille.

3° Mademoiselle Zoé Duclos de Goûts.

4° Mademoiselle Mélanie Duclos de Goûts mariée avec M. Lasier.

5° Mademoiselle Humbline Duclos de Goûts, décédée sœur de Saint-Vincent de Paul, à Montpellier.

Février 1787

Lettre de noblesse concédée par le roi à Jean-Etienne de Laborde et à ses descendants nés et à naître, pour les services que lui et ses aïeux ont rendus dans l'administration des domaines royaux et des finances. Ordre d'immatriculer la famille de Laborde parmi les citoyens nobles de la ville de Perpignan.

28 mai 1787.

Testament de Jean-Marie de Montbrun, chevalier-président, trésorier de France de la généralité de Montauban, en faveur de sa fille Jeanne-Marie-Pélagie-Josèphe, mariée le 3 juillet 1786, à Auch, avec Messire Honoré Duclos, seigneur de Gouts, et de son fils Pierre-Marie-Elisabeth de Montbrun, marié avec Demoiselle de Sacase, ou à son défaut, en faveur de Jean-Marie de Montbrun, petit-fils et filleul du testateur. Le sieur Pierre-Marie-Elisabeth et ses descendants sont reconnus héritiers généraux ; et, à défaut sa fille ouses descendants, la jouissance disponible est laissée à son épouse, Dame Louise-Pélagie de Laborde.

14 décembre 1788.

Baptême de Demoiselle Justine-Gérarde-Marie-Josephe de Montbrun fille de noble Pierre-Marie-Elisabeth de Montbrun, et de dame Perrette-Denise de Sacase; parrain, noble Gérard de Sacase, oncle maternel; marraine, Marie-Josephe Duclos de Goûts, née de Montbrun, tante paternelle.

14 mars 1790.

Testament de noble Charles-Etienne de Laborde, conseiller du roi, receveur général des domaines et bois de Béarn et de Navarre, généralité d'Auch, et trésorier des ponts et chaussées; en faveur de sept enfants existant à son décès et y dénommés; et en faveur de six petits enfants; trois de son fils Dominique-Jean-Jacques de Laborde, et trois de sa fille Brigite-Hélène de Laborde, mariée avec M. de Rouilhan, baron de Montaut.

4 juillet 1792.

Décès de Louise-Catherine-Pélagie-Etienne Laborde, épouse de Jean-Marie de Montbrun, habitant à Beaumont.

23 janvier 1793.

Décès du citoyen Jean-Marie Montbrun, constaté à l'état-civil de Beaumont par Lacroix, officier public.

Biarritz, le 5 septembre 1868

Article nécrologique sur M. Félix Sacaze, conseiller à la cour impériale de Toulouse, fils de l'oncle maternel de Madame d'Amade, né de Montbrun ; Madame de Montbrun était, en effet, une demoiselle de Sacaze. Cet article fait l'éloge du magistrat, et de l'homme privé. Il le dépeint comme ayant horreur du banal et du vulgaire, sa parole était brève et douce, il savait s'épancher avec une abondance et une prolixité charmante soit sur la politique, soit sur la poésie ou sur l'art.

Château de Goûts (Gers), 14 juin 1870.

M. et Madame Duclos de Goûts communiquent à M. et Madame d'Amade la mort de leur belle-mère et mère, Madame veuve d'Arricau, née de Bayne, décédée au château de Goûts, le 14 juin, à l'âge de 90 ans.

M. Duclos de Goûts était le cousin germain de Madame d'Amade, née de Montbrun. M. Duclos, Honoré, seigneur de Goûts, père de Justin de Goûts, avait épousé le 3 juillet 1786 Mademoiselle Jeanne-Marie-Pélagie-Josèphe de Montbrun, sœur du père de Madame d'Amade.

La famille de Montbrun est originaire du Dauphiné. Une branche de cette famille s'était fixée à Beaumont-de-Lomagne et à Toulouse.
En 1726, Pierre Montbrun, ancien Lieutenant de cavalerie, fils de Pierre Montbrun et de Demoiselle Marie-Anne de Fourcet, épousa Demoiselle Marguerite-Marie Delong, fille de Pierre Delong, ancien major d'infanterie, et de Demoiselle Gabrielle Darros de Beaupuy.
Mademoiselle Darros de Beaupuy était elle-même fille de Jacques Darros, Seigneur de Beaupuy, et de Dame Gabrielle de Polastron, mariée le 16 novembre 1709.
En 1754, Jean-Marie de Montbrun, Avocat au parlement, habitant de la ville de Beaumont, fils de Pierre de Montbrun, ancien officier de cavalerie, et de Dame Marguerite-Marie Delong, épouse

Demoiselle Catherine-Louise-Pélagie de Laborde, fille de noble Charles-Etienne de Laborde, Conseiller du Roi, Receveur général des Domaines et bois des provinces du Béarn, Navarre et Généralité d'Auch, Trésorier des Ponts et Chaussées, et de Dame Marie de Gaurans, ayant pour aïeule paternelle, Dame Catherine de Lahillone, veuve de Messire Etienne, Conseiller du Roi, Inspecteur général des Domaines de Béarn et de Navarre, et pour aïeule maternelle, Dame Brigite d'Asparens, épouse de Messire de Gaurans, Conseiller du Roi ; — pour oncle, Messire Joseph Etienne, Trésorier de France ; — pour beau-frère, noble Paul Florent de Manas de Lamezan, Seigneur de Pavie. Messire Pierre-Jean de Montbrun, oncle paternel de Jean-Marie Montbrun, était Lieutenant au régiment du Marquis de Trainel et Capitaine au régiment de Lastic ; il fut nommé Chevalier de Saint-Louis, le 12 juillet 1761, et reçu par le Maréchal de Broglie, le 30 juillet 1761.

En 1755, 14 avril, naissance de Pierre-Marie-Elisabeth de Montbrun, Conseiller du Roi, Trésorier des Ponts et Chaussées, et de Dame Catherine-Pélagie de Laborde. Il fut marié à Demoiselle Perrette-Denise de Sacaze. — Demoiselle Jeanne-Marie-Pélagie-Joséphine de Montbrun, sa sœur, fut mariée, le 3 juillet 1786, à Messire Honoré Duclos, Seigneur de Goûts (Béarn).

Le 14 décembre 1788, naissance et baptême de Demoiselle Justine-Gérarde-Marie-Josèphe de Montbrun fille de noble Pierre-Elisabeth de Montbrun et de Dame Perrette-Denise Sacaze, épouse de Jean-Baptiste-Joseph Amade.

La famille Sacaze est une famille encore nombreuse et bien posée à Toulouse. La plupart de ses membres appartiennent à la haute magistrature. Elle s'est alliée à la famille Bragousse, à la famille Picot de Lapeyrouse, à la famille Depanis, aux familles Gauldrée-Boilleau, Martin et Barrié. Elle a des ramifications très étendues. On compte parmi ses alliés des Généraux, des Conseillers et des Présidents à la Cour, des Députés et Sénateurs.

La famille de Laborde est originaire du Béarn.

En 1787, Jean-Etienne de Laborde reçut du Roi des lettres de noblesse, pour les services signalés que lui et ses aïeux avaient rendus à l'administration des Domaines et des Finances.

ANALYSE DES DOCUMENTS

RELATIFS A LA FAMILLE DE MOYNIER

Du 3 janvier 1610. — Aix-la-Chapelle.

Certificat et attestation délivrés par les ministres et anciens de l'Eglise Wallonne d'Aix-la-Chapelle, signés et timbrés de leur cachet, à l'effet de constater que Monsieur Jehan de Moynier, leur frère et fidèle pasteur de leur église depuis trois ans, prenant congé d'eux et allant servir l'Eglise de Dieu autre part, a été reconnu par eux posséder une doctrine saine et conforme à la foi, suffisante pour enseigner et repaître le troupeau du Christ et convaincre les contredisans; et, qu'ils l'ont jugé capable d'exercer le saint ministère s'il était appelé à cette charge. — Signé : Pierre de Nielles, Gay Simon, Ely de Garde, François Gayssler, anciens.

5 décembre 1690.

Extrait de baptême de Marie de Bène, fille de noble Michel et de madame Roze de Pins mariés au château de Larcairie; parrain, Pierre Galibert, seigneur de Longuecamp, son oncle; marraine, madame Marguerite de Pins de Monségou, sa tante ; signé Caucalières, Longuecamp, Salvi, recteur.

Le présent extrait a été certifié par le curé de Castelnau-de-Brassac au diocèse de Castres, détenteur des registres de l'église Saint-Julien, le 30 avril 1713. — Signé : Frézouls, curé.

Demoiselle Marie de Bène était la mère de Michel de Moynier et la sœur de noble Marguerite de Bène de Malbiès, tante maternelle de Michel et d'Anne de Moynier.

1er mai 1701.

Lettre écrite à Versailles, le 1er mai 1704, signée par le roi, au prince d'Epinoy, son cousin, lui annonçant qu'il a choisi Moynier — Nous pensons que le titulaire de ce brevet était Maurice de Moynier, frère d'Isaac de Moynier, et oncle paternel de Michel de Moynier — pour remplir la charge de lieutenant en la compagnie de Saint-Pé, dans le régiment de Picardie sous la charge de ce prince, afin qu'il ait à le recevoir et à le faire reconnaître de tous ceux et ainsi qu'il appartiendra. — Signé : Louis. — Contre-signé : Chamillart.

Du 10 décembre 1703. — De Bordeaux.

François de Sourdis Descoubleaux, commandeur des ordres du roi, lieutenant-général des armées royales, gouverneur, pour Sa Majesté, de la Guienne, ayant été pleinement informé de la bonne conduite, capacité et expérience du sieur de Moynier (Isaac de Moynier était le mari de Marie de Bène et le père de Michel de Moynier) au fait des armes, de son zèle et fidélité au service du roi, l'avons nommé, sous le bon plaisir de Sa Majesté, capitaine en la compagnie du Bias. — Signé : Sourdis. Par monseigneur, Bazin.

Du 3 mai 1704. — A Strasbourg.

Le marquis de Courtebourne, lieutenant-général des armées du roi, directeur général de la cavalerie et dragons en Allemagne, certifie que le sieur Moynier, arrivé, le 12 avril, est proposé pour cornette en second à la compagnie de la Chapelle, destinée pour la recrue du régiment de cavalerie Dauphin-Etranger. — Signé : Courtebourne.

Le 28 juin 1704.

Le maréchal de Marcin, chevalier des ordres du roi commandant les armées de Sa Majesté en Allemagne, certifie que M. de Moynier a été envoyé, par ordre de la cour, porteur d'une lettre de Courtebourne, directeur général de la cavalerie de l'armée du Rhin, à l'effet d'être employé en qualité de cornette en second dans cette armée, et qu'il a été placé à la suite dans la compagnie de la Chapelle du régiment Dauphin-Etranger de cavalerie, où il jouira, à compter du 18 mai 1704, des honneurs et appointements attribués audit emploi.

Fait au camp de Dellingen, le 28 juin 1704. — Signé : de Marcin, timbré des armes du maréchal. Contre-signé par monseigneur d'Autenac.

Du 18 juillet 1707.

Certificat délivré par le maréchal de Marcin, chevalier des ordres du roi, général des armées de Sa Majesté en Allemagne, constatant la belle conduite de M. de Moynier, cornette dans le régiment Dauphin-Etranger, il attaqua une arrière-garde ennemie auprès de Saluce, pendant la campagne de 1706, et il reçut dans cette action une balle à la jambe.

A Manosque en Provence, le 18 juillet 1707, Signé : De Marcin.

Le 25 mai 1709.

Le roi étant à Versailles prenant une entière confiance en la valeur, courage, expérience en la guerre, vigilance et bonne conduite du sieur Moynier et en sa fidélité et affection en son service, lui a donné et octroyé la charge de cornette, en la compagnie de Laran, dans le régiment Dauphin-Etranger de cavalerie, pour dorénavant en faire les fonctions et jouir des honneurs, autorités, prérogatives, droits et appointements y attachés. Sa Majesté a signé de sa main et fait contre signer par moi, son conseiller, secrétaire d'état de ses commandements et finances. — Signé : Louis. — Contre-signé : Chamillart.

Du 30 avril 1713.

Extrait d'une pétition adressée, par dame noble Marguerite de Bènes de Malbiès, à Monseigneur le maréchal de Chaumont, en faveur de ses neveu et nièce.

Le sieur de Moynier, Michel, ancien officier de cavalerie et demoiselle Anne de Moynier, sa sœur, ayant pour objet d'obtenir que la terre des Bareyroux soit considérée comme domaine noble et baronnie.

Il résulte de cette pétition : 1º Que Michel de Moynier et Anne de Moynier frères et sœurs, étaient neveux de la postulante ; 2º Que noble Michel de Bènes, seigneur de Larquerie, était leur grand père maternel ; 3º Que les deux frères de ce dernier, grands oncles maternels des enfants de Moynier, avaient servi longtemps : l'aîné particulièrement comme lieutenant-colonel au régiment Conférant-cavalerie, devenu Orléans, sous le nom de marquis de Barre. Il avait épousé une demoiselle de la Serge, du Dauphiné, dont les sœurs étaient bien connues à la cour. Elles avaient été récompensées des services qu'elles avaient rendus en s'opposant aux exactions du duc de Savoie contre le Dauphiné ; 4º Que leur grand mère maternelle était demoiselle Rose de Pins, de le maison de Coqualières, de laquelle sont sortis des grands maîtres de Rhodes et un vicaire-général de l'ordre de la magistrature vacante ; 5º Que plusieurs de leurs parents ont servi sous le règne de Louis XIV et sous le règne précédent ; 6º Que l'un d'eux a été chevalier des ordres du Roi en 1561 ; 7º Que huit ans avant la remise de cette pétition la famille de Moynier avait dû faire ses preuves de 16 degrés complets pour un de leurs cousins qui a été fait chevalier de Saint-Maurice, ordre royal de Sardaigne. Ce cousin servait encore dans l'armée du roi de Sardaigne à l'époque où fut présentée cette pétition ; 8º Que deux de leurs cousins avaient récemment servi comme pages ; 9° Qu'enfin leur père Isaac de Moynier était entré au service comme officier dans le régiment de Picardie et passa en 1704, en la même qualité, dans le régiment Dauphin-Etranger de cavalerie où, après avoir été réformé à la suite de blessures, il fut remplacé par son fils Michel de Moynier, neveu de la postulante. Ce dernier servit dans le même régiment pendant la campagne d'Italie et fut aussi réformé pour blessures; 10° que son demi frère, Izaac de Moynier, a servi de son côté comme officier d'infanterie.

Il résulte encore de cette pétition que Marguerite de Bènes de Malbiès était la sœur de dame Marie de Bènes, épouse de Izaac de Moynier.

Du 18 octobre 1713. — Au camp devant Fribourg.

Ordre donné par Eléonard-François Palatin de Dyo, marquis de Montperrous, lieutenant général des armées du roi et mestre de camp général de la cavalerie de France, à l'effet de faire reconnaître dans sa charge le sieur de Moynier, nommé par le roi, cornette dans le régiment de cavalerie Dauphin-Etranger. — Signé : de Dyo Montperrous.

16 octobre 1714.

Ordre du roi, daté du 16 octobre 1714 de Fontainebleau, par lequel Sa Majesté étant informé des services du sieur de Moynier, ci-devant cornette au régiment Dauphin-Etranger de cavalerie, et voulant lui donner moyen de les continuer, lui prescrit de se rendre à la suite dudit régiment pour y être entretenu et payé de ses appointements en qualité de lieutenant. — Signé : Louis. Contresigné : Voysin.

Lettre de M. d'Arassus, prieur de Lalande, à son beau-frère, M. Izaac de Moynier, au sujet de la mort de leur mère et belle-mère commune, Demoiselle Claire Marqueyret, épouse de M. Marc d'Arassus de Lisle, conseiller au sénéchal et présidial de Montauban, et de sa sœur, Madelaine de Moynier, épouse de Pierre Delfau.

Du 9 avril 1751.

Lettre du même à sa sœur, Demoiselle d'Arassus (veuve Delort) épouse de M. Izaac de Moynier, s'engageant à faire tous ses efforts pour convertir son mari à la religion catholique.

Du 4 mai 1751.

Lettre du même à son beau-frère, Izaac de Moynier : il l'invite à écouter les saintes remontrances de sa fille, Demoiselle Claire de Moynier, tendant à le faire rentrer dans le bon chemin d'où il est sorti ; il le presse de toute sorte de raisonnement pour le ramener à la religion catholique.

9 juillet 1755.

Du 1ᵉʳ avril 1750 testament du sieur Izaac de Moynier, ancien lieutenant de cavalerie. Déposé le 9 juillet 1755 par Michel de Moynier, ancien officier de cavalerie, fils de Izaac de Moynier et de Dame de Bènes, demeurant à Montauban, entre les mains du sieur Delmas, notaire royal. Le testateur déclare avoir été marié : 1° avec Demoiselle Marie de Bènes, dont il a eu une fille et un garçon Anne et Michel; 2° avec demoiselle Anne de Pagès, dont il a eu deux filles et un garçon Anne, Marianne, décédées en bas-âge, et Jean-Izaac de Moynier; 3° avec dame Jeanne d'Arassus, veuve du sieur Delort, avocat, dont il a eu une fille appelée Claire de Moynier. Il nomme son fils Michel son héritier universel. — Signé : I. Moynier, testateur. Savignac, président au présidial, juge-mage. — Collationné sur l'original, signé : Delmas, notaire royal.

Du 3 septembre 1761.

Testament du sieur Jean-Izaac de Moynier, ancien officier d'infanterie, habitant de Montauban, en faveur de son demi frère aîné, Michel de Moynier, qu'il institue son héritier universel et général; il lègue à sa demi sœur, Claire de Moynier, épouse de M. d'Amade, ancien officier d'infanterie, une bague de 150 livres. Il témoigne le désir d'être inhumé dans l'église des révérends pères Cordeliers de Montauban; il donne et lègue aux pauvres de l'hôpital général de cette ville cinq livres. Ce testament a été remis le 18 juin 1762 au notaire royal Queyla, en présence de Lafon, bourgeois de la ville. Signé : Baron, notaire royal.

23 juin 1762.

Le 23 juin 1762, le roi étant à Versailles, le sieur

Michel Moynier, ancien officier de cavalerie, a représenté à Sa Majesté, que pour faire honneur à sa position il désire aliéner une métairie du domaine des Bareyroux, qu'il a dans la paroisse de Saint-Etienne-de-Tulmont juridiction de Nègrepelisse; vu l'avis favorable du sieur intendant de Montauban, Sa Majesté a permis et permet audit sieur de Moynier de vendre ladite métairie, voulant par cette permission que ni le vendeur, ni les acquéreur ne soient taxés de contravention aux édits concernant la religion prétendue réformée. Ont signé, Sa Majesté, de sa main, et contresigné, le ministre, secrétaire d'État de ses commandements et finances. — Signé : Louis. Contre-signé : Phelippeaux.

RENSEIGNEMENTS OFFICIELS

RELATIFS

Aux Familles de Moynier, d'Arassus de Lisle et Delort.

Explications faisant ressortir les liens de Parenté de ces Familles avec la Famille Amade.

Demoiselle Claire de Moynier, mariée avec Bernard-Joseph Amade, et mère de Jean-Baptiste-Joseph Amade, était fille de Messire Isaac de Moynier et de Dame Jeanne d'Arassus, veuve en premières noces de Messire François Delort. Le nom de Moynier est écrit souvent dans les actes sans l'Y; mais les armes de cette famille étant; de sinople à trois signes d'argent 2 et 1, au chef cousu d'or chargé de 3 étoiles, les mêmes que celles inscrites à l'armorial général pour la famille de Moynier, nous en concluons que l'Y doit toujours figurer dans le nom de cette famille.

Toulouse, le 16 mai 1705.

Il résulte d'un acte de partage judiciaire, dressé par le parlement de Toulouse, que Jacques Monier, décédé le 13 avril 1677, avait testé le 22 novembre 1674.

Il laissait comme héritiers :

1° Jean Monier.

2° Jacob Monier, représenté par ses fils Pierre et Jacques. Le premier était chanoine à la cathédrale de Tarbes, le second conseiller au sénéchal et juge au présidial de Nérac.

3° Izaac Monier, marié le 10 janvier 1685, avec Mademoiselle Olympe de Pérès.

4° Anne Monier, mariée avec Isaac de Garrisson ;

5° Marie Monier, mariée avec Jacob de Saint-Géniès.

Ce jugement fut rendu pour faire cesser les prétentions exagérées de Dame Marie de Garrisson, épouse de M. Guichard de Scorbiac, conseiller au parlement de Toulouse, et du sieur Daliés, seigneur de Réalville, fils et héritier de feu Dame Marie de Garisson, cohéritiers de feu Jonathan de Garrisson, leur père.

Pour les gens tenant les requêtes. — Signé : Bernadou.

26 janvier 1708.

Clauses du mariage de Messire Delort, fils de Messire Delort, avocat, et de Demoiselle Marie de Bonnefous de Monjoye, habitants de Puylaroque ; avec Demoiselle Jeanne d'Arassus, fille de Messire Marc d'Arassus, seigneur de Lisle, conseiller du roi au présidial de

Montauban, et de Demoiselle Claire Marqueyret, habitants de Montauban. Demoiselle de Gironde, aïeule de la future, a constitué une partie de la dot.

Montauban, le 21 septembre 1712.

Certificat de décès du sieur François Delort, avocat, âgé de 30 ans environ, inhumé le 22 septembre dans l'église des révérends pères Cordeliers de Montauban. Extraits des registres des mortuaires de l'église Cathédrale de Montauban et paroissiale Saint-Jacques. Délivré le 7 août 1718 par M. de Boissy, curé-sacriste de Montauban.

27 septembre 1712.

Testament de Jean-François Delort, avocat du roi au Sénéchal et présidial de Montauban, fils de Messire François Delort et de Demoiselle de Bonnefous de Monjoye, en faveur de Jeanne Delort, sa fille, et de Demoiselle Jeanne d'Arassus, sa femme.

EXPLICATIONS

Relatives à la Famille d'Arassus de Lisle.

Jeanne d'Arassus de Lisle épousa en premières noces Jean Delort, notaire royal de Puylaroque, qui, à sa mort, lui légua sa succession. Elle épousa en secondes noces le sieur Izaac de Moynier, lieutenant de cavalerie, habitant de Montauban : de ce mariage naquit mademoiselle Claire de Moynier qui, par son mariage avec Bernard-Joseph Amade, devint mère de Jean-Baptiste-Joseph Amade. Jeanne d'Arassus de Lisle eut de son premier mariage Mademoiselle Claire Delort, demi-sœur de Claire de Moynier. Claire Delort entra en religion et devint, sous le nom de Jeanne-Claire Monique, sœur des Écoles chrétiennes à Molières.

Du testament, fait le 22 mai 1758, il ressort que cette dernière laissa sa fortune à sa cousine Demoiselle Marguerite d'Arassus, fille de Jean d'Arassus de Lisle, conseiller du Roi au présidial et sénéchal de Montauban, et de Dame Claire Doustry.

Extrait de l'armorial de la noblesse de France :

Demoiselle Marguerite d'Arassus épousa M. le baron Jean-François de la Burgade de Belmont, d'où :

1° Laure, épouse de M. le comte de Puy-Morgueil de Montbrun, chevalier des ordres du Roi, sans enfants.

2° Elise, épouse de M. le chevalier Prévost de Saint-Cyr, capitaine, officier de la Légion d'Honneur, d'où une fille décédée à Mirabel en 1828 et un fils Léopold, né en 1821.

3° Barthélemy-Henri-Cécile de Belmont qui épousa Demoiselle Lucie Solacroup de Latour, dont 8 enfants : 1° Jean-François Aymar, capitaine, chevalier de la Légion d'Honneur ; 2° Jules ; 3° Dieudonné ; 4° Joséphine, épouse de M. Auguste de Séré ; 5° Laure, épouse de M. Henri Maurice, ingénieur ; 6° Agnès, épouse de M. Chaunac de Lansac ; 7° Léontine, épouse de M. Germain Croze ; 8° Caroline.

4° Le chevalier Jean-François de Belmont, ex-lieutenant au 11e chasseurs ; d'où : Eugène de Belmont.

Du 4 février 1714.

Extrait d'acte de dénonce signifié par le sieur Claude Delort, bourgeois, habitant de Puylaroque, en qualité de fondé de pouvoir de Demoiselle Jeanne de Darassus, veuve et héritière fiduciaire de messire Jean-François Delort, avocat, par procuration du 2 octobre 1712, à l'effet de faire reconnaître par Demoiselle Marguerite de Gauçu, au moment de son mariage avec le sieur Pierre Leutart, une créance de 90 livres de rente constituée et certains arrérages sur les biens de Guillaume Leutart père, au profit de Mademoiselle Jeanne d'Arassus, en vertu de l'obligation du 29 juin 1707 passée devant M. Bessière, notaire, obligation qui doit primer toutes constitutions, avantages ou reconnaissances qui seraient faits en faveur de Pierre Leutart, ce droit est reconnu par la future. Dont acte, signé : Latreille, notaire.

Du 10 août 1721.

Lettre écrite par M. de Linas Delboulbé, prêtre, à son oncle M. d'Arassus de Lisle, conseiller du Roy au présidial du Quercy à Montauban.

Du 27 septembre 1721.

Décret présidial en faveur de Jeanne d'Arassus, veuve et héritière du sieur Jean Delort, avocat, habitant de Montauban, l'autorisant à contracter obligation non excédant 500 livres, ou ordonnant qu'elle puisse se faire payer incontinent et sans délai en contraignant ses débiteurs, par prise et saisie de leurs biens, meubles et immeubles; donnant tout pouvoir que de droit en cas de refus ou délai de leur part. Délivré le décret rendu à Montauban, à la chancellerie du Présidial, le 27 septembre 1723. Par la cour, signé : Brance.

Du 13 avril 1723.

Procuration notariée, délivrée par Demoiselle Jeanne d'Arassus, veuve du sieur Jean-François Delort, héritière testamentaire dudit sieur Delort, qui a constitué, en présence de témoins soussignés, comme procureur spécial, le sieur Jean Roques, bourgeois de Montauban, à l'effet de poursuivre le jugement du procès pendant devant les ordinaires de Belfort, contre Jean Batut et Géraud Andrieu, laboureurs.

Acte passé devant Me Vignarte, notaire royal, et signé par : Jeanne d'Arassus Delort et les témoins Blanc et Delmas. Le notaire, Vignarte.

Plusieurs liasses de papier timbré, accompagnées d'inventaire et de citations ou d'exploits contre les débiteurs de Madame Delort, prouvent que ce ne fut pas sans peine que cette aïeule parvint à être réintégrée dans la fortune que lui avait léguée son mari en 1743 ; après son mariage en secondes noces avec M. de Moynier, ancien officier de cavalerie, les poursuites contre ses débiteurs s'exerçaient encore.

Du 27 août 1728.

Comptes faits à Belfort avec Antoine Caors et ses associés. M. d'Arassus, prieur de la Lande, leur donne décharge d'obligations souscrites à son père par le sieur François Caminel et qu'il reçoit séance tenante, ainsi que plusieurs autres papiers contenant certains procès entre sa sœur Madame de Moynier, veuve Delort, et quelques-uns de ses débiteurs. — Signé : d'Arassus, prieur de la Lande.

4 janvier 1730.

Clauses du contrat de mariage de Messire Isaac de Moynier, lieutenant de cavalerie au régiment Dauphin-Etranger, fils de feu Jean de Moynier et Marguerite de Lamotte-Calvet, habitants de Montauban, avec Dame Jeanne d'Arassus, fille de feu Marc d'Arassus de Lisle, conseiller au sénéchal et siège présidial de Montauban, et de Claire Marqueyret, et veuve du sieur Jean-François Delort, habitante de Montauban. Ladite Jeanne d'Arassus arrête les clauses de son mariage, après avoir prié, sommé, requis et supplié dame d'Arassus, sa mère, de consentir audit mariage et fait acte de devoir et de respect. Le mariage doit être célébré à l'église catholique et romaine. Acte passé dans la maison de la Bernauze, juridiction et paroisse de Montech, par les futurs, assistés de M. Pierre Delfau, beau-frère du futur, et de noble Jean-François de Linas, seigneur de Lamothe, cousin-germain de dame Jeanne d'Arassus, veuve Delort, le **4 janvier 1730**.

24 août 1731.

Clauses du mariage de noble Bernard de Linas, fils de feu noble Pierre de Linas et de dame de Beryes, avec Demoiselle Anne de Géraud, fille de feu Messire Jean-Jacques de Géraud, conseiller du Roi, son procureur au bureau des finances de la généralité de Toulouse, et de Dame Catherine de Beaulaguet.

Caussade, le 19 novembre 1734.

Engagement pris par MM. d'Arassus, prieur de la Lande, et J. de Moynier, de solder aux demoiselles des Écoles chrétiennes de Cahors la somme de 70 livres dues par Madame de Moynier pour avances et pension de sa fille Claire Delort appartenant à ladite communauté. — Signé : d'Arassus, prieur de la Lande. — J. Moynier.

La supérieure des sœurs de Caussade, Anne Darassus, déclare avoir reçu la somme due, et signe la quittance le 24 novembre 1737.

Cahors, le 10 décembre 1734.

Lettre de Madame Marie d'Anglars, supérieure des sœurs de la Doctrine chrétienne, écrite à madame de Moynier, aux Bareyroux, pour lui exprimer sa satisfaction d'avoir contribué à faciliter le paiement de la dotation de Mademoiselle Claire Delort, sa fille. Elle lui témoigne aussi, en son nom et au nom de la communauté, le plaisir qu'elles ont eu d'avoir reçu parmi elles Mademoiselle Delort, dont les bonnes dispositions et la ferveur permettent de constater en elle un très-digne sujet; sa santé laisse à désirer, mais elle recevra les ménagements désirables. Ce faisant, la supérieure satisfaira à son inclination et à son affection pour sa nouvelle compagne. — Signée : Marie d'Anglars.

Cahors, le 31 décembre 1734, — le 12 février 1735, — le 4 décembre 1739.

Quittance signée par Demoiselle Claire Delort, de l'École chrétienne, des sommes reçues de son oncle Delort sur les revenus qu'il est chargé de payer à sa belle-sœur Madame de Moynier (veuve Delort, née d'Arassus) mère de Claire Delort.

Puylaroque, le 30 novembre 1737.

Lettre de M. Bessière, époux de Demoiselle Delort, belle-sœur de Madame veuve Delort, avant son mariage en secondes noces avec M. de Moynier, lieutenant de cavalerie, à l'effet de réclamer une somme de 40 livres que son premier mari, quand il vivait, n'aurait pas soldée au sieur Bessière, son beau-frère, mais qu'il aurait reconnu lui devoir. Il invite Madame de Moynier à acquitter cette dette entre les mains de M. Delort, beau-frère commun de Madame veuve Delort et de M. Bessière, sur la présentation des titres qu'il détient; observations critiques sur M. Delort, premier mari de Madame de Moynier. — Signé : Bessière.

Lalbenque, le 29 janvier 1739.

Lettre de M. Delort, frère de Jean-François Delort, avocat du Roi au sénéchal et présidial de Montauban, et oncle de Madame veuve Delort, mariée en deuxièmes noces avec M. de Moynier, lieutenant de cavalerie. Il invite sa nièce à consentir au renouvellement d'une promesse de paiement de 252 livres 10 sols faite par son père le 15 février 1709, entre les mains de son gendre Bessière, beau-frère de madame de Moynier, et neveu, par alliance, du signataire de la lettre. Il expose qu'il serait préférable pour lui de renouveler ce titre que de se laisser traduire en justice par ledit Bessière, qui réclame avec instance et menaces le renouvellement des promesses originales qu'il détient, et qui sont sur le point de prescrire. — Signé : Delort.

Septfonds, le 4 septembre 1739.

Lettre écrite par M. d'Arassus de Lisle à son beau-frère de Moynier, ancien officier de cavalerie, époux de

Mademoiselle Jeanne d'Arassus, veuve en premières noces de M. François Delort, et sœur de M. d'Arassus de Lisle. Cette lettre a pour objet de prouver que l'un des débiteurs de Madame de Moynier, le sieur Hugues Souloc, est à tort poursuivi en remboursement d'intérêts qu'il a régulièrement payés, ainsi que le compte détaillé contenu dans ladite lettre le fait ressortir. Elle prouve aussi la bonne entente qui existait entre les deux beaux frères et les familles d'Arassus et de Moynier. — Signée : d'Arassus de Lisle.

Montech, le 10 avril 1747.

M. Desperramont, collecteur des impositions, déclare avoir reçu de Madame veuve Delort la somme de 28 livres pour le dixième des biens nobles dont elle jouit, à compte reçu des mains du Révérend Père recteur des jésuites de Montauban.

Montech, le 14 juillet 1748.

Exploit et commandement à saisie exercés par Antoine Desbals, huissier, contre Madame d'Arassus, veuve Delort, agissant en vertu de l'ordonnance de la cour des aides de Montpellier du 2 octobre 1745, et de la requête du sieur Ferrié, fermier des domaines du Roy de Montech et autres lieux, représenté par Pierre Raymond, son procureur, qui a élu à cet effet domicile à Montech.

Cet exploit a pour objet d'exiger le paiement d'une somme de 5 livres pour droit d'albergue ou bail emphytéotique pour les biens royaux dont jouit Madame d'Arassus, veuve Delort, au lieu dit la Bernauses. Saisie et sequestre des fruits et récoltes; désignation des commissaires, Rey et Marty, ce dernier métayer de ladite Dame Témoins assistants, Bernard Solasol et Jean Coune, qui ont signé avec l'huissier Debals.

Du 29 octobre 1748.

M. l'abbé d'Arassus, prieur de la Lande, adresse à M. de Moynier, ancien officier de cavalerie, mari de sa sœur, Mademoiselle d'Arassus, veuve Delort, ses observations sur le procès pendant contre le nommé Caors de Belfort, en raison des poursuites dont il était chargé et auxquelles il n'a pas satisfait, il donne des Conseils et demande de renseignements ; il charge M. des Moynier de compliments pour son frère et sa sœur, malade en ce moment. — Signé : d'Arassus, prieur.

Finhan, le 21 novembre 1749.

Lettre de M. Mazade à M. de Moynier, ancien officier de cavalerie à Montauban, dans laquelle il déclare que n'étant pas noble, il a dû payer, et payer d'avance, jusqu'en 1763 le montant du commandement et de la contrainte ou rôle arrêté au conseil — pour le franc fief dont il jouit ; — il invite M. de Moynier à produire ses titres, afin d'être dispensé de tout paiement et de prévenir toute demande du sieur Maison. — Signé : Mazade.

Du 28 novembre 1750.

Lettre écrite par M. Mazade (de Finhan) à M. de Moynier, écuyer, pendant son séjour aux Bernauses. M. Mazade devait être un des voisins limitrophes des propriétés de M. de Moynier à Finhan.

Toulouse, le 28 avril 1751.

Lettre, signée par M. Richard, invitant M. de Moynier à déposer les titres et actes qu'il a en main relatifs aux 30 arpens de biens nobles dénombrés dont il jouit, afin de mettre sa situation en règle. Pour parvenir au droit sur la maintenue, prescrit par l'arrêt de 1643, il invite aussi M. de Moynier, en vue de lui éviter les frais d'un jugement, à faire enregistrer au bureau compétent et rapporter les actes de propriété des biens dénombrés, détenus par Madame d'Arassus ; à cet effet, lui faire verser la somme de 15 livres, montant de ces formalités. — Signé : Richard.

Du 12 août 1751.

Consentement et accord fait en double à Montauban, par lequel Jeanne d'Arassus, épouse en deuxièmes noces de M. de Moynier et veuve en premières noces de M. Delort, reconnaît avoir réglé ses droits maternels avec feu dame Claire Marqueyret, sa mère, et avec son frère Jean d'Arassus, conseiller, à raison de ses articles de mariage avec ledit sieur Delort, tant du chef de feu d'Arassus, son père, que de sa mère et de sa grand'mère paternelle, suivant l'accord passé avec ladite dame Marqueyret, sa mère, le 1er mai 1729, en sa qualité d'héritiers du sieur d'Arassus, père de la signataire, et l'accord passé aussi avec ledit sieur Jean d'Arassus, son frère, et cohéritier paternel et maternel. — Ont signé ledit accord : Jean d'Arassus et Jeanne d'Arassus-Moynier.

26 septembre 1755.

Testament de Dame Jeanne d'Arassus, veuve en secondes noces de feu Isaac de Moynier, ancien officier ; désirs exprimés par la testatrice d'être inhumée dans la tombe de son premier mari, le sieur Delort, dans l'église des révérends pères Cordeliers de Montauban. — Demoiselle Claire Delort, sa première fille, est nommée héritière particulière. — Demoiselle Claire de Moynier, sa fille du second lit, est nommée héritière générale et universelle.

23 mai 1758.

Testament de Demoiselle Jeanne-Claire-Monique Delort, sœur des Écoles chrétiennes à Molières, fille de feu Jean-François Delort, avocat au parlement, et de dame Jeanne d'Arassus, en faveur de Demoiselle Marguerite d'Arassus, sa cousine, fille de Jean d'Arassus, conseiller du Roi au présidial et sénéchal de Montauban, et de feu Dame Claire Doustry.

14 mars 1789.

Testament de Demoiselle Anne de Moynier, fille de feu Isaac de Moynier, ancien officier de cavalerie, et de

Dame Marie de Bènes : 1° en faveur de ses serviteurs, des pauvres de la paroisse Saint-Jacques de Montauban, de sa belle-sœur Marie de Gineste, veuve de Michel de Moynier, frère de la testatrice, pour divers legs ; 2° en faveur de dame Anne-Michele d'Amade, sa nièce, épouse de M. Delpech ; 3° en faveur de Demoiselle Anne-Joséphine d'Amade, sa filleule et nièce, fille de feu Demoiselle Jeanne de Moynier, sa sœur, mariée avec M. Joseph d'Amade ; et 4° en faveur de M. Jean-Baptiste-Joseph d'Amade, institué héritier universel et général, ou, à son défaut, desdites Dame Delpech et Demoiselle d'Amade, nièces de la testatrice.

Codicille du 18 décembre 1792, faisant suite au même testament.

6 janvier 1793 : nouveau codicille modifiant légèrement les dispositions en faveur des légataires étrangers à la famille. — Notaire, M. Franceries, à Montauban.

Il est à remarquer que dans cet acte le nom de notre famille est inscrit Damade, sans apostrophe, tel qu'il se prononçait alors sans doute, et cette manière de l'écrire ne peut être le résultat d'une erreur, puisque chaque fois qu'il figure dans le testament il est écrit de la même manière. Comme cet acte est régulièrement passé par un notaire il pourrait servir à démontrer que le nom, d'Amade, de notre famille était alors prononcé comme il l'est aujourd'hui. Si nous avons plus tard été dénommés parfois *Amade*, c'est aux transformations que l'état civil a introduites, depuis la Révolution, que nous devons en attribuer la cause.

www.ingramcontent.com/pod-product-compliance
Lightning Source LLC
Chambersburg PA
CBHW070632170426
43200CB00010B/1992